DESPEDIDA EM MASSA NO BRASIL:

ANÁLISE TEÓRICA E JURISPRUDENCIAL

ROBERTO CARNEIRO FILHO

Advogado. Professor Universitário. Mestre e Doutorando em Direito pela Pontifícia Universidade Católica de São Paulo (PUC/SP).

DESPEDIDA EM MASSA NO BRASIL:

ANÁLISE TEÓRICA E JURISPRUDENCIAL

Del Rey
EDITORA

Belo Horizonte
2016

EDITORA DEL REY LTDA.
www.livrariadelrey.com.br

Editor: Arnaldo Oliveira

Editor Adjunto: Ricardo A. Malheiros Fiuza

Editora Assistente: Waneska Diniz

Coordenação Editorial: Wendell Campos Borges

Diagramação: Lucila Pangracio Azevedo

Revisão: RESPONSABILIDADE DO AUTOR

Capa: CYB Comunicação

Editora / MG
Rua dos Goitacazes, 71 – Sala 709-C – Centro
Belo Horizonte – MG – CEP 30190-050
Tel: (31) 3284-5845
editora@delreyonline.com.br

C289d Carneiro Filho, Roberto
Despedida em massa no Brasil: análise teórica e jurisprudencial. / Roberto Carneiro Filho. Belo Horizonte: Del Rey, 2016.
xii + 124 p.
ISBN: 978-85-384-0457-6
1. Demissão, Brasil. 2. Demissão, jurisprudência, Brasil. 3. Trabalhador, demissão, Brasil. 4. Negociação coletiva de trabalho, Brasil. 5. Acordo coletivo de trabalho, Brasil. 6. Demissão, jurisprudência, Brasil. 7. Direito do trabalho. 8. Direito sindical. I. Título.
CDU: 331.109.44(81)

"Não é desconhecido que, nos tempos atuais, no Brasil, a luta dos trabalhadores é pela preservação do mínimo, em relação ao que foi, durante longos anos, conquistado.

As modificações introduzidas no sistema de produção, pela busca das empresas de modernização e competitividade, dentro de quadro em que a concorrência, incluindo aí a externa, é cada vez maior, têm levado a caminho sem volta de redução a qualquer dos custos e, com isto, à diminuição de postos de trabalho.

O fantasma do trabalhador brasileiro é, cada vez mais, o desemprego, que assume proporções jamais experimentadas em nosso país.

O objetivo maior do trabalhador, hoje em dia, é seu emprego, se possível com a preservação dos direitos que forem possíveis".[1]

"O labor é a atividade que corresponde ao processo biológico do corpo humano, cujos crescimento espontâneo, metabolismo e eventual declínio têm a ver com as necessidades vitais produzidas e introduzidas pelo labor no processo da vida. A condição humana do labor é a própria vida.

O trabalho é a atividade correspondente ao artificialismo da existência humana, existência esta não necessariamente contida no eterno ciclo vital da espécie, e cuja mortalidade não é compensada por este último. O trabalho produz um mundo artificial de coisas, nitidamente diferente de qualquer ambiente natural. Dentro de suas fronteiras habita cada vida individual, embora esse mundo se destine a sobreviver e a transcender todas as vidas individuais. A condição humana do trabalho é a mundanidade.

A ação, única atividade que se exerce diretamente entre os homens sem a mediação das coisas ou da matéria, corresponde à condição humana da pluralidade, o fato de que homens, e não o Homem, vivem na Terra e habitam o mundo".[2]

---

1 BRITO FILHO, José Claudio Monteiro de. ***Direito Sindical***. Pág. 11.

2 ARENDT, Hannah. ***A Condição Humana***. Pág. 15.

SUMÁRIO

APRESENTAÇÃO

Roberto Carneiro Filho identifica um "novo" Direito do Trabalho no século XXI pautado em paradigmas como o direito de cidadania dos trabalhadores, a participação dos trabalhadores na gestão empresarial, a liberdade sindical, as obrigações contratuais instrumentais e a eficácia horizontal dos direitos fundamentais nas relações de trabalho.

A partir desses pressupostos, o Autor desenvolve pesquisa fundamentada no texto constitucional, na doutrina e na jurisprudência com o objetivo de demonstrar que a despedida coletiva, conhecida no Brasil também como despedida em massa, tem tratamento jurídico diferenciado no ordenamento jurídico brasileiro da despedida individual sem justa causa.

Por despedida coletiva deve-se entender a hipótese em que um grupo de trabalhadores é despedido simultaneamente por uma mesma causa de natureza objetiva da empresa, seja de ordem econômico-conjuntural ou técnico-estrutural.

Em razão das consequências sociais, o ato unilateral do empregador nas despedidas coletivas deixa de ser um direito potestativo e passa a ser – tendo em vista também a busca da efetividade do direito fundamental social da proteção da relação de emprego contra a despedida arbitrária e sem justa causa, consagrado pelo artigo 7º, inciso I, da Constituição Federal de 1988 – um direito condicionado pelos deveres anexos da boa-fé objetiva, implicando necessariamente a obrigação de informar e comprovar a motivação da despedida em massa e a obrigação de promover a negociação coletiva na tentativa de serem encontradas soluções menos traumáticas que a ruptura contratual, como férias coletivas, suspensão do contrato de trabalho, redução da jornada do trabalho e redução salarial, etc., todas encontradas no ordenamento jurídico brasileiro.

Vê-se, portanto, que a obra de Roberto Carneiro Filho é um estudo sistemático a demonstrar que a despedida coletiva ou em massa tem tratamento jurídico diferenciado no direito brasileiro, com a abolição do direito potestativo do empregador, mesmo que ainda não se tenha ratificado entre nós a Convenção n. 158, de 1982, da Organização Internacional do Trabalho.

RENATO RUA DE ALMEIDA

Advogado trabalhistas em São Paulo, doutor em direito pela Faculdade de Direito da Universidade de Paris I (Panthéon-Sorbonne), professor de direito do trabalho da Faculdade de Direito da Pontifícia Universidade Católica de São Paulo.

NOTA DO AUTOR

O tema objeto do presente livro jurídico situa-se no âmbito do Direito Coletivo do Trabalho, para alguns no âmbito do Direito Sindical enquanto ramo autônomo da Ciência do Direito.

Eis a divergência. Alguns doutrinadores inserem as questões coletivas laborais sindicais dentro da disciplina Direito do Trabalho, porém, outros doutrinadores mais ousados tentam levar tais questões a um ramo científico autônomo e desvinculado do Direito do Trabalho, daí estes estudiosos terem preferência pela denominação Direito Sindical e não Direito Coletivo do Trabalho.

Buscam a separação científica das questões coletivas sindicais frente ao Direito do Trabalho os seguintes doutrinadores: *José Claudio Monteiro de Brito Filho, Antonio Ojeda Avilés* e *Antônio Álvares da Silva.*

Eis as palavras de *Brito Filho*: *"(...) fica claro que defendemos a autonomia do Direito Sindical pela existência de um objeto próprio de estudo, que se tornou nítido, em definitivo, com a sindicalização do servidor público".* [1]

Por certo o fundamento apresentado pelo autor acima, qual seja, *"a sindicalização do servidor público"*, não é convincente para a defesa do Direito Sindical como ramo autônomo da Ciência do Direito, um argumento inadequado.

Outros doutrinadores sustentam a inserção das questões coletivas sindicais no âmbito do Direito do Trabalho, este como gênero, sendo o entendimento que prevalece, então podem ser citados como defensores do referido posicionamento doutrinário: *Octavio Bueno Magano, Amauri Mascaro Nascimento, Mauricio Godinho Delgado* e *José Francisco Siqueira Neto.*

Ora, o presente livro busca tratar, principalmente, das negociações coletivas, que no Brasil, nos termos do art. 8º., VI, da Constituição Federal de 1988, são monopólio sindical, em que pese prevalecer o entendimento de que o monopólio restringe-se aos sindicatos profissionais, podendo as empresas firmar acordos coletivos sem a representação do respectivo sindicato patronal.

Assim, partindo-se da premissa de que no cerne do presente livro estão as negociações coletivas de trabalho, envolvendo-se a tal aspecto as relações coletivas laborais em sentido amplo, mostra-se correto afirmar que a localização científica do da presente obra situa-se exatamente na parcela que alguns querem separar do Direito do Trabalho.

Diante de tal perspectiva, qual seja, seguindo o entendimento doutrinário de que o objeto do livro está situado no âmbito do Direito Coletivo do Trabalho ou Direito

---

1 *In:* ***Direito Sindical***. Pág. 24.

Sindical, como parte do Direito do Trabalho, este como gênero, e não como ramo autônomo da Ciência do Direito, mostra-se prudente a transcrição das lições de *Amauri Mascaro Nascimento*, a respeito da divisão didática do Direito Coletivo do Trabalho, *"in verbis"*:

> "São quatro, segundo a melhor doutrina, as partes de que se compõe: a) a organização sindical; b) a ação e funções dos entes sindicais, em especial a negociação coletiva e os contratos coletivos de trabalho; c) os conflitos coletivos de trabalho e suas formas de composição; e, d) a representação não sindical ou mista dos trabalhadores na empresa". [2]

Nessa toada, pode-se afirmar que a negociação coletiva de trabalho é uma parte integrante do Direito Coletivo do Trabalho.

Por muito tempo o Direito Coletivo do Trabalho voltou-se essencialmente ao estudo das entidades sindicais, porém, a nova tendência é justamente no sentido de que nos limites do Direito Coletivo do Trabalho mais importantes são as negociações coletivas de trabalho, já havendo espaço para a representação não sindical dos trabalhadores, não existindo mais a supremacia, quase solitária, dos sindicatos nos debates sobre o Direito Coletivo do Trabalho, devendo os mesmos dividir espaço com outras partes integrantes do Direito Coletivo do Trabalho, daí uma certa objeção pela denominação Direito Sindical.

Enfim, tendo-se em vista que o presente livro busca primordialmente abordar as negociações coletivas de trabalho, como instrumentos para soluções de questões trabalhistas em momentos de crises empresariais, pode-se afirmar com precisão científica que o objeto do presente estudo localiza-se no âmbito do Direito Coletivo do Trabalho, este como parte integrante do gênero Direito do Trabalho.

---

[2] *In:* ***Compêndio de Direito Sindical***. Pág. 30.

INTRODUÇÃO

Conforme nos ensina a mais respeitada doutrina jurídica trabalhista, certamente, nosso ordenamento jurídico preza pela pluralidade normativa, não havendo que se falar em esgotamento na lei das regras jurídicas reguladoras de condutas humanas. Tal assertiva pode ser confirmada com maior precisão na seara trabalhista, pois, além da lei como fonte formal temos as normas jurídicas trabalhistas negociadas coletivamente, oriundas de convenções coletivas de trabalho e de acordos coletivos de trabalho.

Eis as ideias que serão exploradas ao longo do presente livro, justamente, a valorização das normas jurídicas trabalhistas negociadas coletivamente para a busca de soluções para problemas trabalhistas existentes em momentos de crises empresariais.

Ora, conforme nos ensinam os mais conceituados doutrinadores, o Direito Positivo não se esgota nas regras formais trazidas pelo Estado, sendo possível a existência de outras fontes formais; eis as palavras de *Amauri Mascaro Nascimento*, *"in verbis"*:

> "Positividade não é estatalidade. Uma norma, de procedência não-estatal, pode pertencer ao direito positivo. O conceito de positividade encontra expressão fora da esfera burocrática do mecanismo oficial para residir por sua natureza no campo do social, onde repercute e atua. Se positividade e estatalidade se confundissem, também só seria direito aquele proveniente do Estado, o que não corresponde à realidade". [1]

Eis a proposta desse livro jurídico, qual seja, debater a utilização das negociações coletivas de trabalho, nos limites ofertados pela Constituição de 1988, para a solução de problemas trabalhistas decorrentes de crises empresariais.

O presente livro tem como base algumas decisões judiciais proferidas recentemente pelos Tribunais Trabalhistas que dão realce para o dever de negociar coletivamente, como direito fundamental dos trabalhadores, ainda mais em momentos difíceis de crises empresariais, que podem levar à despedida coletiva de trabalhadores.

Recentemente, como haverá de se abordar em momento apropriado no presente livro, a Usiminas e a Embraer efetivaram demissões em massa sem que buscassem previamente outros caminhos menos gravosos, o que evitaria o desemprego de milhares de pessoas, pois, outras alternativas poderiam ser buscadas pela via da negociação coletiva de trabalho.

---

1 *In:* ***Curso de Direito do Trabalho***. Pág. 1235.

Interessante notar que, tais soluções, buscadas pela via da negociação coletiva, bem exemplificam, em situações práticas, a impossibilidade de se afirmar que o ordenamento jurídico goza de completude, ao contrário do que afirmava *Hans Kelsen*. Tal afirmação deriva dos mais respeitados ensinamentos doutrinários, conforme a transcrição abaixo das lições de *Ronaldo Lima dos Santos*:

> "O pluralismo jurídico, à medida que admite a existência de diversos centros de positivação jurídica, afasta o dogma da completude do ordenamento jurídico estatal que norteara a teoria monista. Como elucida Tércio Sampaio Ferraz Júnior, ao admitir-se que as normas ingressam no sistema jurídico por diferentes canais e se admite lacunas, é porque se aceita que o sistema, tido como composto por um único centro produtor unificado, não cobre todo o universo de comportamentos, de modo a exigir outros centros normativos". [2]

Indubitavelmente, os mecanismos ofertados por nossa legislação não são suficientes para o equacionamento de problemas trabalhistas decorrentes de crises empresariais, por isso, faz-se necessário, como um verdadeiro dever do empregador e direito fundamental dos trabalhadores, a busca de soluções menos gravosas que a demissão em massa, pela via da negociação coletiva.

Então, as normas jurídicas trabalhistas negociadas coletivamente são fontes formais do Direito Positivo, ainda que não emanem diretamente do Estado.

Tal é a proposta a ser desenvolvida ao longo do presente livro da área jurídica, o estudo das negociações coletivas de trabalho como forma de busca das necessárias soluções para problemas trabalhistas decorrentes de crises empresariais.

Far-se-á, *"prima facie"*, uma breve abordagem histórica das relações coletivas de trabalho no Brasil e no mundo, sendo que, posteriormente, passar-se-á ao desenvolvimento de uma análise dos fundamentos de validade das normas jurídicas negociadas coletivamente, consideradas fonte formal do Direito Positivo.

Na sequência, o trabalho chegará ao seu ponto nuclear, qual seja, de que seja permitida a efetividade dos referidos mecanismos, com o objetivo de que seja permitida a efetividade dos referidos mecanismos, sendo que, a referida "flexibilização circunstancial" deverá ser feita obrigatoriamente por meio da negociação coletiva de trabalho.

Apresentadas as possibilidades de que circunstancialmente sejam feitas as reduções de direitos trabalhistas na busca da preservação de empregos, em momentos de crises empresariais, o passo seguinte é a abordagem dos limites delineados pelo ordenamento jurídico para tal flexibilização circunstancial.

Na parte final do livro serão analisados casos práticos, que foram objeto de discussão pelos Tribunais Trabalhistas, recentemente, nos quais os julgadores deixaram evidente o direito fundamental de negociação coletiva, quando das demissões em

---

[2] *In:* ***Teoria das Normas Coletivas***. Pág. 53.

massa, bem como evidenciaram o dever de boa- fé objetiva das partes nas negociações coletivas e na condução do contrato de trabalho.

Vale ressaltar que, o presente trabalho não objetiva a defesa da flexibilização dos direitos trabalhistas no Brasil, sendo que, diante da desigualdade social e da cultura ainda colonial que rege as relações de trabalho no Brasil mostra-se de extrema dificuldade pensar-se na diminuição da proteção ao trabalhador dependente juridicamente. O que se pretende é tão somente debater a instrumentalidade das negociações coletivas para a busca de soluções em momentos de crises empresariais, o que se poderia chamar de uma "flexibilização circunstancial e temporária" dos direitos trabalhistas, precisamente para evitar despedida coletiva de trabalhadores.

Enfim, sinteticamente, com inspiração nos ensinamentos do Prof. Dr. Renato Rua de Almeida, da PUC/SP,[3] é provável que a problemática esteja na discussão da existência ou não do direito potestativo do empregador nas despedidas coletivas de trabalhadores.

Eis o que se pretende debater ao longo desse livro técnico-jurídico.

---

[3] *In:* ***Subsiste no Brasil o direito potestativo do empregador nas despedidas em massa?*** Revista LTr. São Paulo. Volume 73, nº. 04, abril de 2009, págs. 391 a 393.

Capítulo 1

BREVE HISTÓRICO DAS RELAÇÕES COLETIVAS E DAS NEGOCIAÇÕES COLETIVAS DE TRABALHO

Historicamente, observando os ensinamentos de *Amauri Mascaro Nascimento*[1], pode-se afirmar que a negociação coletiva de trabalho passou a ganhar maior importância em nosso ordenamento jurídico a partir da Constituição de 1988, sendo que, a negociação coletiva de trabalho *"é compreendida como uma forma de desenvolvimento do poder normativo dos grupos sociais segundo uma concepção pluralista que não reduz a formação do direito positivo à elaboração do Estado"*, então permite o estabelecimento de normas e condições de trabalho por meio da autonomia negocial privada coletiva.

Segundo o estudioso acima, apesar de tal forma de produção de normas jurídicas trabalhistas encontrar origem na formação histórica do Direito do Trabalho, somente a partir de 1988 passou realmente a ser efetivada.[2]

Isto porque, certamente, o fato das negociações coletivas de trabalho sempre terem sido colocadas em segundo plano, em que pese colocarem-se como segmento do Direito do Trabalho desde a formação do ramo laboralista, é reflexo, principalmente, da forte intervenção estatal nas relações de trabalho e no sindicalismo até o início de vigência da nova ordem jurídica constitucional a partir de 1988, o que sempre inibiu o pleno exercício da autonomia privada coletiva.[3]

Eis as razões da importância de um estudo inicial do desenvolvimento histórico das relações coletivas de trabalho e das negociações coletivas de trabalho no mundo ocidental, abrindo-se espaço para um diálogo apartado com a história do direito brasileiro, como se verá no presente capítulo, antes de uma real inserção no núcleo do presente livro, qual seja, a negociação coletiva de trabalho como instrumento de solução de problemas trabalhistas em crises empresariais.

Assim, mostra-se prudente para melhor compreensão do tema central o estudo preliminar da evolução histórica da negociação coletiva e das relações coletivas, no mundo ocidental e no Brasil, razão que se mostra convincente pela ascensão da importância da autonomia privada coletiva a partir da CF/1988. Vejamos.

---

1 *In*: FERRARI, Irany; NASCIMENTO, Amauri Mascaro Nascimento & MARTINS FILHO, Ives Gandra da Silva. *História do Trabalho, do Direito do Trabalho e da Justiça do Trabalho*. Pág. 130.

2 *Idem*. Pág. 130.

3 *Idem*. Pág. 130.

1.1 A EVOLUÇÃO HISTÓRICA DO SINDICALISMO NO MUNDO OCIDENTAL

Para fins didáticos, estudar-se-á em primeiro lugar a história das relações coletivas de trabalho no plano internacional e posteriormente guardar-se-á espaço para um estudo focado na história do Direito do Trabalho no Brasil.

Isto porque, certamente, a Europa encontrou uma evolução histórica que não se encontra paralelamente na mesma progressão cronológica verificada no Brasil, ainda porque sofremos as influências européias na formação do nosso sistema *"juslaboralista"*.

A doutrina, em princípio, de maneira consensual, costuma dividir a evolução histórica do sindicalismo ocidental em três fases: a primeira fase, da proibição; a segunda fase, da tolerância; a terceira fase, do reconhecimento.

Segundo *José Cláudio Monteiro de Brito Filho*[4], as três fases não ocorreram da mesma forma e nas mesmas épocas em todos os países ocidentais.

Buscando delinear uma trajetória que encontra ponto comum nos mais diversos lugares da Europa Ocidental, *José Cláudio Monteiro de Brito Filho* [5], recorrendo das lições de *Amauri Mascaro Nascimento* e *Alfredo Ruprecht*, aponta a Revolução Francesa e o Liberalismo do século XVIII como marcos históricos da fase de proibição (ou de repressão, como alguns preferem) na Europa.

O mesmo doutrinador leciona que a proibição da formação das associações de trabalhadores está relacionada com os ideais da época, pois, os ideais liberais zelavam pelo prestígio da propriedade privada e pela predominância da burguesia como classe social dominante na época.

São as palavras do estudioso acima referido, como segue:

> "É preciso observar a propósito da questão que, a proibição não se dirigia, apenas, às associações com cunho estritamente reivindicatório-profissional, e sim, com o próprio direito de associação, incompatível com o ideário liberal da época".[6]

Amauri Mascaro Nascimento reforça tais lições sobre a proibição do associativismo entre trabalhadores e os ideais liberais; menciona a Lei *Le Chapelier* de 1791, que tornou ilícitas as corporações de ofício, bem como faz menção ao Código Penal de Napoleão de 1810, que criminalizou a associação de trabalhadores, sendo que, estes, entre outros fatores, foram as dificuldades encontradas para que pudesse ser ao menos tolerado o direito de associação de classes naquela época, das Revoluções Liberais do século XVIII.

Dessa maneira, importante é a transcrição das lições de *Amauri Mascaro Nascimento, "in verbis"*:

---

4 *In:* ***Direito Sindical.*** Pág. 51.

5 *Idem.* Pág. 52.

6 *Idem.* Pág. 52.

> "Os primeiros princípios do individualismo, desde o início da fase do direito moderno, dificultaram a formação de uma estrutura coletiva de relações de trabalho e a legitimação dos sindicatos. Influíram nas diretrizes legislativas desse tempo, não só a Lei Le Chapelier (1791), que declarou ilícito todo acordo que, coletivamente, estabelecesse preços para determinados produtos da indústria ou para o trabalho, mas, também, em outras leis.
>
> *O Código Penal de Napoleão puniu a associação de trabalhadores como delito".*[7]

Nessa linha de raciocínio leciona *Alice Monteiro de Barros*, vejamos:

> "A pretexto de que todas as associações implicavam perturbação às relações entre os indivíduos e entre estes e o Estado, o liberalismo proibiu as uniões com espírito de classe ou proteção mútua. Foram elas consideradas crime pelo Código Penal francês de 1819 (Código de Napoleão). Tem-se, portanto, a fase de proibição do Direito Sindical, iniciada com a Lei Chapelier". [8]

Ora, isso demonstra o sentimento de libertação dominante naquela época, pois, depois do rompimento com o absolutismo qualquer sistema de controle das liberdades individuais era repudiado; a repressão às primeiras formas associações de trabalhadores também tinha uma conotação de afastamento de qualquer ameaça aos governos burgueses da época, que receavam o fortalecimento da classe proletária, sendo que, a união entre burguesia e proletariado durou apenas até a queda do antigo regime.

Todavia, conforme assinala a doutrina, a proibição não foi suficiente para suprimir totalmente as associações entre trabalhadores, sendo que, surgiram na referida época as chamadas coalizões.

Assim, deixa consignado *Alice Monteiro de Barros*, *"in verbis"*:

> "Independente da proibição, o espírito de solidariedade e a tomada de consciência coletiva permitiram que se realizassem, mesmo clandestinamente, reuniões passageiras visando as melhores condições de trabalho (coalizões)".[9]

Então, mesmo na fase de proibição (ou de repressão, como preferem alguns) as associações de trabalhadores existiam, ainda que clandestinamente, vindo em fase posterior do sindicalismo a sair da ilegalidade.

Conforme já relatado, a segunda fase do sindicalismo ocidental é a fase de tolerância, quando a criminalização das associações de trabalhadores foi revogada e os Estados Modernos, de maneira geral, passaram a tolerar o direito às formações de associações de trabalhadores, sem reconhecê-las expressamente.

José Cláudio Monteiro de Brito Filho[10], inspirando-se nas lições de *Alfredo Ruprecht*, *Avilés*, *Arion Sayão Romita* e *Amauri Mascaro Nascimento*, afirma que a

---

7 *In:* ***Compêndio de Direito Sindical.*** Pág. 69.

8 *In:* ***Curso de Direito do Trabalho.*** Pág. 1220.

9 *In:* ***Curso de Direito do Trabalho.*** Pág. 1220.

10 *In:* ***Direito Sindical.*** Pág. 53.

fase de tolerância decorreu da mudança de postura do Estado frente às associações de trabalhadores, havendo inclusive uma mudança cultural da população na maneira como enxergava tais organizações coletivas, além do mais, na prática não havia mais como impedir tais coalizões de trabalhadores.

Qual o motivo da mudança de postura do Estado?

Ora, pode-se afirmar que a mudança de postura do Estado frente o sindicalismo decorre da própria *"questão social"* semeada desde o período liberal até a Revolução Industrial. Afirma *Amauri Mascaro Nascimento* que *"a Revolução Industrial do século XVIII criou condições para a coalizão de trabalhadores, oprimidos que estavam, como proletários, engajados pelas fábricas, em precárias condições, no início da sociedade industrial, fator que influiu no despertar do seu propósito associativo"*.[11]

Então, tendo-se em vista que os ideais do Estado Liberal não sobreviveram à *"questão social"*, diante da mudança de paradigmas na sociedade daquela época mostrou-se necessária a mudança de postura do Estado frente o sindicalismo, findando o período da proibição e iniciando-se o da tolerância.

Neste diapasão, ilustrativamente, seguem transcritas algumas lições de *Monteiro de Brito Filho* sobre a fase de tolerância, vejamos:

> "Começa, então, a mudar a postura do Estado, iniciando-se período intermediário, denominado de fase de tolerância, em que o Estado, embora não reconhecendo ainda, no plano jurídico, o direito de associação, deixa de considerar como delito a coalizão".[12]

Na verdade, como afirma o mesmo estudioso do Direito do Trabalho[13], sustentando-se nos ensinamentos de *Amauri Mascaro Nascimento*, a fase de tolerância pode ser retratada como um momento histórico do sindicalismo ocidental no qual as associações de trabalhadores (coalizões) existiam de fato, sem repressão por parte do Estado, assim, ainda não encontravam agasalho juridicamente.

Então, o reconhecimento jurídico por parte do Estado veio na terceira fase, a chamada fase do reconhecimento.

Eis a transcrição dos elucidativos ensinamentos de *Monteiro de Brito Filho* sobre a passagem da fase de tolerância para a fase do reconhecimento dos sindicatos pelo Estado, a seguir:

> "Sob estes novos ares, o sindicalismo persistiu em sua evolução. O Estado, então, como não podia deixar de ser, deixou de lado sua postura de indiferença legal à questão e se curvou a uma realidade que não havia como ser ignorada. Começa nova fase de evolução do sindicalismo, denominada fase de reconhecimento".[14]

---

11 *In:* ***Compêndio de Direito Sindical.*** Págs. 68 e 69.

12 *In:* ***Direito Sindical.*** Pág. 53.

13 *Idem.* Pág. 53.

14 *Idem.* Pág. 54.

Esclarecendo, ensina o mesmo autor e estudioso do Direito do Trabalho que o reconhecimento dos sindicatos ocorreu na Inglaterra em 1871, na Dinamarca em 1874, na França em 1884 (pela Lei *Waldeck-Rousseau*), em Portugal e na Espanha em 1887 e na Bélgica em 1898, pelas lições de *Sayão Romita.*[15]

Posteriormente, a evolução histórica do sindicalismo no mundo ocidental mostrou-se extremamente dinâmica até os dias atuais, sendo que, a criação da Organização Internacional do Trabalho em 1919 (pelo Tratado de *Versailles*) apresenta-se como fato histórico relevante para a consolidação das associações de trabalhadores no século XX, o que será convenientemente debatido no presente Livro jurídico no momento oportuno.

Em linhas gerais, são as três fases de evolução do sindicalismo no Direito estrangeiro: a fase da proibição, a fase da tolerância e a fase do reconhecimento.

Complementarmente, pode-se destacar que na fase do reconhecimento jurídico pelo Estado do sindicalismo podemos encontrar uma evolução histórica intrínseca ao movimento sindical, não no sentindo de passagem para a libertação do sindicalismo frente o poder estatal e sim no sentido de passagem *"de um sindicalismo de oposição a um sindicalismo de controle e superação da concepção de poder absoluto do empregador na empresa"*, conforme lições de *Walküre Lopes Ribeiro da Silva*, inspirada nas palavras de *Alain Touraine* e *Bernard Mottez.*[16]

O sindicalismo de oposição centra-se na atuação combativa da classe trabalhadora buscando a defesa de seus interesses profissionais e econômicos de forma hostil à classe patronal. O sindicalismo de controle e superação busca a democratização do poder dentro da empresa, como ensina *Lopes Ribeiro da Silva.*[17]

Dessa maneira, certamente, o objeto central deste Livro jurídico encontra maior efetividade dentro de um contexto no qual efervesce o sindicalismo de controle, permissivo da participação dos trabalhadores na gestão da empresa.

1.1.1 As primeiras formas de associações entre trabalhadores

Prosseguindo na análise histórica da evolução das relações coletivas de trabalho no mundo ocidental, como etapa preliminar para o estudo do tema objeto central do presente Livro jurídico, algumas poucas páginas servirão para a apresentação das noções doutrinárias sobre a origem das associações de trabalhadores no mundo ocidental.

Por certo, a doutrina considera as corporações de ofício como as primeiras formas de associações entre trabalhadores com sentimento de coletividade, com intuito classista, em que pese não guardarem semelhança com os sindicatos surgidos na Revolução Industrial (século XIX).

---

15 *Idem.* Pág. 54.

16 *In:* ***Representação e participação dos trabalhadores na gestão da empresa.*** Pág. 19.

17 *Idem.* Pág. 20.

Todavia, com finalidade didática, este tópico tem por escopo o estudo de outras formas de organizações sociais entre trabalhadores surgidas na antiguidade, sendo que, guardar-se-á o próximo tópico para um estudo específico das corporações de ofício e o que elas representam para o Direito do Trabalho.

Vejamos.

É certo que existe controvérsia na doutrina sobre a existência de agrupamentos sociais de trabalhadores na antiguidade, porém, pode-se afirmar com precisão que ainda se existentes naquele período histórico não apresentavam qualquer semelhança com o sindicalismo moderno, este uma ideia muito recente.

Conforme leciona *Ronald Amorim e Souza*[18], somente o século XX propiciou a liberdade e a vivência sindical, algo inimaginável na antiguidade.

Tal entendimento é corroborado por *Pedro Paulo Teixeira Manus*, segundo o qual a noção de sindicato como organização para reivindicação de direitos dos trabalhadores, no modelo vislumbrado nos dias atuais, encontra suas origens na Revolução Industrial, confundindo-se a evolução histórica do sindicalismo com a história do próprio Direito do Trabalho. Eis as palavras de *Manus*:

> "Ensinam os doutrinadores que a noção de sindicatos, como hoje entendemos, tem sua origem no fenômeno denominado Revolução Industrial.
>
> Em realidade, o que dissemos no Capítulo 2 da Parte I deste livro, a propósito da evolução histórica do Direito do Trabalho, constitui a própria história do sindicato, que surgiu como meio de defesa das reivindicações dos trabalhadores".[19]

Todavia, ainda que exista certa concordância sobre o nascimento do sindicalismo ocidental como o vemos nos dias atuais, no período da Revolução Industrial, o que se abordará adiante em outros tópicos desse livro jurídico, pode-se afirmar que na antiguidade existiam algumas organizações de trabalhadores, sendo que, há divergência quanto a serem tais organizações o embrião das corporações de ofício surgidas na Idade Média, preponderando o entendimento de que não.

Ronald Amorim e Souza afirma ter existido organizações sociais de trabalhadores na antiguidade, porém, nega serem indícios das corporações de ofício surgidas posteriormente na Idade Média; eis suas lições:

> "Algumas formas de organização social, desenvolvidas na Antigüidade, foram, apressadamente, consideradas como sendo a origem das corporações. Intentaram alguns autores buscar explicação para o fenômeno gregário entre chineses, hindus, egípcios, gregos e romanos. Ainda que se possa admitir sua ocorrência, naqueles tempos, é impossível guardar, com quaisquer fatos que os motivaram, semelhanças entre aqueles encontrados na Idade Média ou em épocas um pouco mais recentes".[20]

---

18 *In:* ***Greve & Locaute.*** Pág. 29.

19 *In:* ***Direito do Trabalho.*** Pág. 253.

20 *In:* ***Greve & Locaute.*** Pág. 30.

Por outro lado, o entendimento sustentado por *Ronald Amorim e Souza* não é unânime na doutrina, sendo que, *José Cláudio Monteiro de Brito Filho*[21] menciona que *Alfredo Ruprecht* e *Mozart Victor Russomano* fazem uma ligação entre as guildas, organizações sociais existentes entre os povos germânicos e saxônicos na antiguidade, e as corporações de ofício surgidas na Idade Média.

Enfim, prevalece o entendimento de que nem as organizações sociais surgidas na antiguidade (Roma, Grécia ou mesmo entre os povos germânicos e saxônicos) e nem as corporações de ofício apresentam o embrião do sindicalismo moderno, pois, o sindicalismo atual encontra suas origens na Revolução Industrial.

Trata-se de ponderação muito importante, já que o contexto histórico da Revolução Industrial e propriamente a *"questão social"* são os fatores motivadores da formação do Direito do Trabalho e intrinsecamente a ele do sindicalismo moderno, fatores estes que na antiguidade nem se pensava que poderiam vir a existir algum dia.

Muitos autores afirmam que o surgimento dos sindicatos foi motivado pela extinção das corporações de ofício no período do liberalismo dos séculos XVIII e XIX. Esse é o entendimento sustentado por *José Cláudio Monteiro de Brito Filho*[22] concordando com as lições de *Amauri Mascaro Nascimento.*

Mas, certamente, não se pode sustentar qualquer entendimento que relacione as formas de associações entre trabalhadores existentes na antiguidade, ou mesmo as corporações de ofício, com o sindicalismo atual.

As corporações de ofício, surgidas na Idade Média, ainda que desvinculadas das origens do sindicalismo moderno, podem ser consideradas as primeiras formas de associações entre trabalhadores com intuito coletivo, tendo sido suprimidas pela Lei *Le Chapelier* na França em 1791 e que em nada se identificam com as formas de associação existentes na antiguidade.

Pois, as organizações sociais surgidas na antiguidade tinham outras finalidades e não propriamente a representação de trabalhadores na busca de direitos, inexistindo nelas qualquer sentimento classista; essa é a lição doutrinária.[23]

Dessa maneira, podemos identificar as primeiras formas de associações de trabalhadores na Idade Média, com o surgimento das corporações de ofício, existindo divergências sobre se as mesmas podem ou não ser consideradas o embrião do sindicalismo moderno, preponderando o entendimento de que não, mas em nada se relacionam com os agrupamentos antigos.

Além do mais, são as referidas corporações de ofício que foram alvo de proibição pela Lei *Le Chapelier*, de 1791, dando início à fase de repressão.

---

21 *In:* ***Direito Sindical.*** Págs. 48 e 49.

22 *Idem.* Pág. 50.

23 *Idem.* Págs. 48 e 49.

Mas, certamente, não podemos manter qualquer relação entre as formas de associações entre trabalhadores surgidas na antiguidade e as posteriores (corporações de ofício e sindicalismo).

Por outra via, ainda que se sustente inexistirem semelhanças entre as corporações de ofício e o sindicalismo moderno, no que concerne às características, pode-se afirmar que a supressão das corporações de ofício foi fator determinante para a formação do sindicalismo moderno e fator mais importante ainda foram a Revolução Industrial e a *"questão social"*.

Melhor explicando, o entendimento mais adequado é no sentido de que nem as organizações sociais de trabalhadores da antiguidade e nem mesmo as corporações de ofício guardavam as mesmas características do sindicalismo moderno, mas, de outra maneira, a proibição das associações na fase liberal, com a repressão às corporações de ofício, levaram à formação das coalizões na clandestinidade, que somadas à *"questão social"* e aos fatores da Revolução Industrial fizeram nascer o sindicalismo atual.

Enfim, certo é que, conforme as lições doutrinárias, podemos encontrar na antiguidade algumas formas de organizações sociais de trabalhadores, mas, que não são consideradas pela doutrina como as primeiras formas de associações de trabalhadores, pois, não tinham por finalidade propriamente a luta por direitos trabalhistas, além de não apresentarem sentimento classista.

Eventual divergência doutrinária sobre se tais organizações sociais da antiguidade semearam ou não as corporações de ofício surgidas na Idade Média e reprimidas na fase do liberalismo deve ser afastada, pois, por certo as formas de organização entre trabalhadores na antiguidade tinham outras finalidades e situavam-se em outro momento histórico, inexistindo na doutrina qualquer argumento convincente que possa relacionar tais situações tão diferentes.

Além do mais, as corporações de ofício são consideradas de maneira quase consensual como as primeiras formas de associações de trabalhadores com sentimento de classe, mas, as corporações de ofício não encontram identidade com as características dos sindicatos surgidos na modernidade e existentes ainda nos dias atuais, fatores que não guardam qualquer lembrança nas organizações sociais da antiguidade.

Portanto, conforme lições dos mais prestigiados doutrinadores e estudiosos do Direito do Trabalho, em que pese as primeiras formas de organizações sociais de trabalhadores existissem já na antiguidade, não guardam semelhanças com as primeiras formas de associações entre trabalhadores, as corporações de ofício, e nem mesmo com o sindicalismo atual.

1.1.2 As corporações de ofício no direito estrangeiro

As corporações de ofício foram as primeiras formas de associações de trabalhadores com real sentimento de classe, que não se comparavam com as organizações sociais de trabalhadores da antiguidade.

No presente tópico estudar-se-á as corporações de ofício surgidas na Europa durante a Idade Média e para fins didáticos estudar-se-á as corporações de ofício brasileiras em momento oportuno, em tópico adiante.

Em que pese não guardarem qualquer semelhança com os sindicatos surgidos na Revolução Industrial e existentes até os dias atuais, as corporações de ofício são consideradas pela maioria da doutrina as primeiras formas de associação entre trabalhadores com sentimento classista, sendo que, na verdade, a supressão das corporações de ofício pelo liberalismo individualista é considerada um fator determinante para a união entre trabalhadores formando sindicatos na modernidade.

Seguindo as lições de *Antônio Álvares da Silva*, o estudioso *José Cláudio Monteiro de Brito Filho*[24] afirma que as corporações de ofício surgiram na Idade Média, por volta do século XII, em vista do movimento comercial e do renascimento mercantil, mas, apesar de serem organizações voltadas a uma finalidade econômica, sem qualquer semelhança com o sindicalismo surgido na Revolução Industrial, as corporações de ofício, mesmo que sem intenção, serviram para organizar as classes profissionais.

Amauri Mascaro Nascimento[25], por sua vez, entende que as corporações de ofício, na mesma linha de raciocínio sustentada por *José Cláudio Monteiro de Brito Filho*, apresentam-se como o precedente histórico dos sindicatos da modernidade, porém, o sindicalismo surgido a partir da Revolução Industrial, existente até os dias atuais, separa as classes de trabalhadores e patronal, o que não faziam as corporações de ofício.

Eis a transcrição das lições do referido doutrinador, *"in verbis"*:

> "não é exagero dizer que as origens remotas do sindicalismo são encontradas nas corporações de ofício medievais com as quais guarda certa ordem de precedência na história dos agrupamentos formais do trabalho e do capital, só que nas corporações de ofício estavam reunidas essas duas forças numa só e mesma organização, o que não ocorre com as entidades sindicais que separaram em dois lados o que as corporações haviam unificado em um só; as corporações eram integradas por mestres, que hoje corresponderiam aos empresários, artesãos que hoje seriam os trabalhadores; e menores aprendizes".[26]

Melhor explicando, conforme as preciosas lições de *Amauri Mascaro Nascimento*, pode-se concluir que, as corporações de ofício eram integradas por mestres, que hoje seriam os empregadores, os artesãos, que hoje seriam os trabalhadores, e os menores aprendizes, mas, posteriormente, o sindicalismo ocidental moderno, conhecido até os dias atuais, dividiu as forças, estando ainda hoje os trabalhadores e os empregadores em lados distintos.

---

24 *In:* ***Direito Sindical.*** Pág. 49.

25 *In:* ***Compêndio de Direito Sindical.*** Pág. 70.

26 *Idem.* Pág. 70.

Enfim, as corporações de ofício, como precedentes históricos do sindicalismo moderno, podem ser situadas na primeira fase de evolução histórica dos sindicatos, a chamada fase de proibição (ou de repressão), ainda que não exista qualquer semelhança entre as características das corporações de ofício frente as do sindicalismo dos séculos XX e XXI.

De acordo com os ensinamentos doutrinários, as corporações de ofício foram proibidas durante o liberalismo individualista e tal supressão do direito de associação é apresentada como fator determinante para o posterior surgimento do sindicalismo ocidental moderno, sendo que, pode-se afirmar ainda, conforme as lições da doutrina trabalhista, ter sido tal supressão das corporações de ofício a motivação para as represálias ao movimento sindical no início do século XX, diante da cultura que havia sido criada com relação aos agrupamentos classistas.

Enfim, *Mascaro Nascimento* ensina que o surgimento do movimento sindical decorreu justamente de uma *"correção de idéias"* predominantes durante o liberalismo quanto às corporações de ofício, ou seja, assim como o Direito do Trabalho surgiu com a Revolução Industrial frente as desigualdades decorrentes do liberalismo individualista, o sindicalismo moderno é oriundo da conscientização de que as ideias liberais a respeito do direito de associação eram equivocadas.

1.1.3 A industrialização

A origem do sindicalismo encontra o mesmo marco histórico do surgimento do Direito do Trabalho, qual seja, a Revolução Industrial, no século XIX.

Eis a importância de se guardar um pequeno espaço para o estudo da fase revolucionária da industrialização.

Andréa Presas Rocha[27] denomina de *"sociedade técnica de massas"* a nova ordem surgida no século XX, quando mudanças ocorreram na realidade política e social, vencendo-se o liberalismo, chegando ao Estado Social de Direito.

Trata-se do contexto histórico dentro do qual o sindicalismo ocidental desenvolveu-se e consolidou-se.

Nessa mesma linha de raciocínio *Maria Cecília Máximo Teodoro*[28] explica que, sob a perspectiva econômica, o Direito do Trabalho nasceu *"num contexto de grande industrialização, por meio da qual despontou a figura do operariado, oprimido na grande empresa"*.

Ora, a industrialização, marcada basicamente pela substituição dos homens pelas novas máquinas nas fábricas, no século XIX, levou a transformações revolucionárias na sociedade mundial, de ordem econômica, social e político-ideológica; esse o contexto do nascimento do Direito do Trabalho.

---

[27] *In*: ALMEIDA, Renato Rua de (coordenador). Adriana Calvo e Andrea Presas Rocha (organizadoras). ***Direitos fundamentais aplicados ao direito do trabalho.*** Vários autores. Pág. 31.

[28] *In*: ***O Princípio da Adequação Setorial Negociada no Direito do Trabalho.*** Pág. 20.

Irany Ferrari mostra as transformações ocorridas na sociedade, no trabalho e na vida do trabalhador a partir da industrialização, vejamos:

> *"A fábrica, com suas variedades e especializações, produziu também uma divisão do trabalho para facilitar a produção.*
>
> *(...)*
>
> *Mesmo a máquina, antes dominada pelo trabalhador, passa a ser automática e com isso desaloja a produção, que era só do homem, enquanto força física, para o homem da inteligência e da intelecção".*[29]

O mesmo autor resume a evolução cronológica do trabalho:

> "Em resumo, o início foi o trabalho em família, depois surgiu o trabalho ambulante, em seguida, o artesanato, depois a indústria em domicílio, o trabalho em manufatura, o trabalho na fábrica, tudo isso para se chegar ao regime livre da produção onde a empresa assumiu posição de destaque no processo produtivo, definindo o regime capitalista.
>
> Duas revoluções representaram um papel muito importante para o surgimento da liberdade econômica, a Industrial e a Política".[30]

Ora, todas as razões expostas permitem a fundamentação histórica do objeto deste ensaio, qual seja, a negociação coletiva como forma de solução de problemas nas crises empresariais, pois, conforme leciona *Maria Cecília Máximo Teodoro, "o Direito do Trabalho surgiu como um sonho de paz, de equilíbrio, de justiça, enfim, como uma válvula de escape para a harmonização do sistema, que paulatinamente era implantado pelos detentores dos meios de produção".*[31]

É justamente esse sonho de paz, de equilíbrio, de justiça, que a negociação coletiva de trabalho pode oferecer aos trabalhadores e para a sociedade nas crises empresariais, já que sob a ameaça da dispensa coletiva de trabalhadores o caminho do diálogo é o mais recomendável e menos prejudicial a todos.

As crises econômicas empresariais são fenômenos típicos da sociedade industrial e tecnológica de nossos dias, dessa maneira, o Direito do Trabalho como uma arma de proteção aos mais fracos, tipicamente do sistema capitalismo, deve encontrar soluções permissivas da conquista da paz social.

Se inicialmente, nas origens, o sindicalismo foi de combate, de oposição ao capital, nos dias atuais, pelas lições de *Walküre Ribeiro Lopes da Silva*[32], pode-se ter a certeza de que prospera um sindicalismo de controle, de contenção, buscando

---

[29] *In*: FERRARI, Irany; NASCIMENTO, Amauri Mascaro Nascimento & MARTINS FILHO, Ives Gandra da Silva. ***História do Trabalho, do Direito do Trabalho e da Justiça do Trabalho.*** Págs. 48 e 49.

[30] *Idem*. Págs. 47 e 48.

[31] *In*: ***O Princípio da Adequação Setorial Negociada no Direito do Trabalho.*** Pág. 21.

[32] *In*: ***Representação e participação dos trabalhadores na gestão da empresa.*** Pág. 19.

a participação dos trabalhadores na gestão da empresa e zelando pelo diálogo nas relações coletivas de trabalho.

Enfim, vê-se a importância da compreensão da industrialização para a fundamentação histórica do título objeto desse livro jurídico.

1.1.4 O impulso ofertado à negociação coletiva de trabalho pelo surgimento da Organização Internacional do Trabalho

Certamente, o surgimento da Organização Internacional do Trabalho, em 1919, é marco histórico decisivo na evolução do Direito do Trabalho e também no impulso para o reconhecimento das negociações coletivas de trabalho pelos Estados Soberanos.

Ensina *Amauri Mascaro Nascimento* sobre a criação jurídica da Organização Internacional do Trabalho, em 1919, *"in verbis"*:

> "Para o direito do trabalho, o Tratado de Versalhes (1919) assumiu especial importância, pois dele surgiu o projeto de organização internacional do trabalho.
>
> A Parte XIII desse tratado é considerada a constituição jurídica da Organização Internacional do Trabalho – OIT, e foi complementada pela Declaração de Filadélfia (1944) e pelas reformas da Reunião de Paris (1945) da OIT.
>
> As Nações Unidas, pelo acordo de 30 de maio de 1946, reconheceram a OIT como 'organismo especializado competente para empreender a ação que considere apropriada, de conformidade com o seu instrumento constitutivo básico, para cumprimento dos propósitos nele expostos'".[33]

Em outro trabalho doutrinário, o mesmo estudioso realça a importância dada às negociações coletivas de trabalho pela OIT, vejamos:

> "A Organização Internacional do Trabalho incentiva a negociação coletiva como forma democrática de composição dos conflitos coletivos de trabalho. Pretende que os próprios interlocutores sociais encontrem o adequado entendimento para as suas divergências, e cheguem a um acordo, fruto do livre debate, sem interferência do Estado. Não adotou uma posição oficial quanto às vantagens ou desvantagens da negociação centralizada ou descentralizada. Prefere recomendar que cada país encontre a sua fórmula, de acordo com as suas características e necessidades a atender".[34]

Ora, as lições doutrinárias acima expostas são suficientes para a compreensão da importância dada pela Organização Internacional do Trabalho à utilização da negociação coletiva de trabalho.

Sem dúvida, desde a criação da Organização Internacional do Trabalho as relações coletivas de trabalho ganharam prestígio e a força negocial dos sindicatos recebeu grande impulso.

---

[33] *In:* ***Curso de Direito do Trabalho***. São Paulo: Saraiva. 23ª. edição, 2008. Pág. 97.

[34] *In:* ***Compêndio de Direito Sindical***. Pág. 413.

Todavia, apesar do surgimento da Organização Internacional do Trabalho ter ocorrido em 1919, pelo Tratado de *Versailles*, a doutrina, exemplificada pelos ensinamentos de *Enoque Ribeiro dos Santos*[35], que se inspira nas lições de *Jean-Claude Javillier*, apresenta o fim da Primeira Guerra Mundial como marco histórico para o reconhecimento da liberdade sindical e das normas jurídicas trabalhistas negociadas coletivamente pelos Estados Modernos, como segue:

> "Com o fim da Primeira Guerra Mundial surgiu o reconhecimento, pela ordem jurídica, da liberdade sindical e das normas coletivamente negociadas".[36]

Prossegue o estudioso [37] lecionando que, posteriormente, a fase do corporativismo que intercedeu nas relações de trabalho durante o período nazi-fascista interrompeu a evolução histórica das negociações coletivas, pois as normas trabalhistas passaram a emanar primordialmente do Estado, sendo que, o fim da Segunda Guerra representou outro momento histórico que impulsionou a utilização das negociações coletivas de trabalho em decorrência da reconquista da liberdade pelos sindicatos.

Além disso, as principais Convenções da OIT sobre negociação coletiva de trabalho surgiram com o fim da Segunda Guerra Mundial.

1.1.5 A importância da negociação coletiva de trabalho na atual sociedade global de massas

Interessantes são as lições de *Enoque Ribeiro dos Santos*[38], inspirado pela doutrina de *Alejandro Gallart Folch*, no sentido de que o sindicalismo não representa um fenômeno de massificação das relações de trabalho e sim uma evolução na conscientização da classe trabalhadora e a passagem dos grupos de trabalhadores da condição de massa para a condição de classe.

Antes da formação do sindicalismo moderno pode-se dizer que os trabalhadores formavam uma massa, uma coletividade desorganizada e sem sentimento de classe, posteriormente, com o sindicalismo, os trabalhadores deixaram de ser uma massa de pessoas que desenvolviam atividades profissionais e passaram para a condição de classe de pessoas voltadas à entrega da força de trabalho na produção comandada pelo capital.

O sentimento de classe surgido entre os trabalhadores a partir da Revolução Industrial decorre do conflito existente intensamente na relação entre capital e trabalho, pois, diante das desigualdades sociais e da exploração da força de trabalho pelos donos dos fatores de produção houve a tomada de consciência por parte da classe trabalhadora no sentido de que formava uma coletividade de pessoas com condições de vida e econômica em comum, sendo que, somente a união movida por esta identidade poderia permitir a dignidade dos trabalhadores.

---

35 *In:* ***Direitos Humanos na Negociação Coletiva.*** Pág. 29.

36 *Idem.* Pág. 29.

37 *Idem.* Pág. 29.

38 *Idem.* Pág. 25.

Porém, ainda que o sindicalismo represente uma tomada de consciência classista por parte dos trabalhadores, inegavelmente, neste início do século XXI, o sindicalismo recebe os efeitos da massificação da sociedade que é oriunda das primeiras décadas do século XX e marca caracteristicamente a sociedade atual.

Melhor explicando, por mais que o sindicalismo seja fruto da união de trabalhadores em virtude da conscientização da classe trabalhadora e não da mera massificação das relações de trabalho pelo aumento do número de operários, sendo este último um fenômeno dissipado pelo modo de produção *"toyotista"*, inegavelmente, a massificação da sociedade desde meados do século XX é fator que interfere decisivamente na atuação dos sindicatos, na medida em que muitos dos problemas trabalhistas enfrentados nos dias atuais são decorrentes dessa sociedade atual (por exemplo: o assédio moral, as doenças do trabalho, as metas de produção, os riscos ambientais trabalhistas, as crises econômicas nas empresas *"et cetera"*); devendo os sindicatos atentar-se para esta realidade e mudar seu caminho de ação para a proteção da classe trabalhadora.

O mundo atual é pautado por uma realidade na qual o capital tem força preponderante, vencendo fronteiras, gerando empregos e causando desempregos (na medida em que permite o aparelhamento tecnológico dos modos de produção), fortalecendo algumas economias e destruindo outras, enfim, daí nascem e podem hibernar as crises econômicas nas empresas (bem como todos os demais problemas trabalhistas acima mencionados: assédio moral, doenças do trabalho, metas de produção, aumento do índice de desemprego *"et cetera"*).

Eis a razão de se considerar a negociação coletiva de trabalho um instrumento hábil dentro do contexto de uma sociedade mundial domada pelo capital e que faz como refém o trabalho.

Explica-se então por qual razão o sindicalismo formado pela conscientização da classe trabalhadora e não como decorrência da massificação das relações de trabalho sofre os efeitos da massificação da sociedade atual (fenômeno nascido em meados do século XX).

Indubitavelmente, a negociação coletiva é um instrumento que funciona com maestria para a solução dos conflitos coletivos de trabalho surgidos em sociedades tipicamente de massas, por ex., a dispensa coletiva de trabalhadores.

Com isso, é notório que a negociação coletiva de trabalho é mecanismo de solução de conflitos coletivos trabalhistas que ganha maior importância no atual século XXI, pois, é necessário que tenhamos um sistema jurídico dinâmico, apto a atender todas as situações que emergirem, mostrando-se inadequado um sistema jurídico estático formado basicamente por leis.

A autonomia da vontade privada coletiva permite esse dinamismo, possibilitando a resolução de todos os conflitos coletivos de trabalho de forma quase imediata, algo que seria inimaginável por meio de um processo legislativo.

Logo, certamente, na sociedade atual, tipicamente capitalista, mostra-se inadequado um sistema jurídico estático, formado essencialmente por leis, sendo por certo mais adequado um ordenamento que privilegie a negociação coletiva.

1.1.6 A Convenção nº. 87 da OIT

Em conformidade com as lições de *José Cláudio Monteiro de Brito Filho*, quaisquer considerações a serem feitas a respeito do modelo sindical brasileiro devem remeter ao disposto na Constituição Federal de 1988, *"in verbis"*:

> "(...) é na Constituição Federal que está o desenho do sindicalismo brasileiro, além de que, como Lei Maior, suas disposições são as que prevalecem, existindo as demais normas, somente, para traduzir e explicitar os comandos existentes nela". [39]

Logo, a análise do modelo sindical brasileiro frente àquele estabelecido pela OIT, por meio da Convenção nº. 87, deve ser feita à luz do modelo sindical consignado, principalmente, no art. 8º. do texto constitucional de 1988.

O modelo da liberdade sindical plena pode ser encontrado na Convenção nº. 87 da OIT, assim, pode-se afirmar que a Constituição Federal Brasileira de 1988 prescreve um modelo de liberdade sindical sob o controle do Estado, segundo ensina *Rua de Almeida*, que não é um modelo de plena liberdade sindical. Eis o cotejo a ser feito:

> "O Brasil tem suas normas sobre sindicalização, ainda hoje e em boa parte, cunhadas com base no corporativismo, adotado a partir da década de 30, não possuindo regime de plena liberdade sindical.
>
> (...) muito embora o texto constitucional de 1988 tenha abrandado, de forma significativa, a rigidez do período anterior, manteve, em relação a alguns aspectos da sindicalização, normas incompatíveis com modelo que consagre a liberdade sindical".[40]

Pelas breves considerações expostas pode-se afirmar, com precisão, que o modelo sindical brasileiro distancia-se daquele considerado ideal pela OIT, conforme os preceitos da Convenção nº. 87, de plena liberdade sindical.

A respeito do cotejo entre as bases do modelo sindical brasileiro atual e o apresentado pela OIT, prudentes são as palavras de *Alice Monteiro de Barros*[41], no sentido de que a Convenção nº. 87 da OIT versa sobre liberdade sindical e proteção do Direito Sindical, e vários países membros da OIT ratificaram o referido Tratado Internacional de Direitos Humanos, mas, o Brasil, ainda que em 1949 tenha encaminhado a aprovação do Congresso Nacional, até os dias de hoje não ratificou.

Prossegue a doutrinadora ensinando que o modelo de liberdade sindical plena prescrito pela Convenção nº. 87 da OIT não é acolhido pelo Brasil no texto constitucional e *"a aprovação da Convenção n. 87 implicará modificação na legislação brasileira, pois, embora a Constituição de 1988 tenha consagrado a autonomia sindical, manteve a unicidade sindical em seu art. 8º., II, que consiste, por imposição legal, na criação de apenas uma entidade sindical, de determinada categoria, de*

---

39 *In:* ***Direito Sindical.*** Pág. 80.

40 *Idem.* Pág. 78.

41 *In*: ***Curso de Direito do Trabalho.*** Págs. 1232 e 1233.

qualquer grau, na mesma base territorial. Essa base territorial não poderá ser inferior à área de um Município".[42]

Isso para não se falar que a Constituição Federal de 1988, em seu art. 8º., IV, manteve a contribuição sindical em dissonância com o modelo internacional.

Afirma ainda *Alice Monteiro de Barros*[43] que o modelo brasileiro conserva influências do corporativismo e do fascismo, o que impede a ratificação da Convenção nº. 87 da OIT, pois geraria uma série de contradições no ordenamento jurídico pátrio.

Ora, com fundamento nas lições doutrinárias acima expostas, pode-se afirmar, com precisão, que a democratização das relações coletivas de trabalho no Brasil requer uma adequação do modelo constitucional brasileiro com o modelo de plena liberdade sindical preconizado pela OIT, conforme as diretrizes da Convenção nº. 87, sendo que, remetendo ao objeto nuclear do presente trabalho acadêmico, qual seja, o direito à negociação coletiva na busca de soluções para problemas trabalhistas inerentes às crises empresariais, pode-se ainda afirmar, com precisão, que somente será possível o exercício da potencialidade máxima do direito à negociação coletiva se, e somente se, houver uma reforma no modelo sindical brasileiro a fim de que se chegue à plena liberdade sindical, inclusive privilegiando-se a representação dos trabalhadores nos locais de trabalho por meio do duplo canal de representação.

E não se diga que a ratificação da Convenção nº. 98 da OIT supre a necessidade de ratificação da Convenção nº. 87 da OIT, sendo que, ambas são complementares, não se excluem; eis as lições trazidas por *Alice Monteiro de Barros, "in verbis"*:

> "Nem se diga que a Convenção n. 98, tratando de matéria semelhante e tendo sido ratificada, facilitaria a ratificação da Convenção n. 87. Ora, a Convenção n. 98 garante a autonomia e a liberdade de ação dos sindicatos de trabalhadores perante o empregador, além de fomentar a negociação coletiva. Já a Convenção n. 87 assegura a liberdade sindical, mas ante o Estado. Em face das considerações já expostas, a ratificação da Convenção n. 98 não encontra obstáculo na nossa legislação, diante da autonomia do sindicato de trabalhadores perante o empregador, o mesmo não ocorrendo no tocante à ratificação da Convenção n. 87".[44]

Amauri Mascaro Nascimento caminha no mesmo sentido, cotejando o modelo sindical da Constituição de 1988 com a plena liberdade sindical idealizada pela OIT, conforme o previsto na Convenção nº. 87, dessa maneira, leciona que as leis trabalhistas brasileiras atritam com o modelo sindical da Convenção nº. 87 da OIT, o que impede a sua ratificação.[45]

Mas, tal incompatibilidade de modelos não pode ser óbice a reforma sindical no Brasil, tendo-se como premissa básica a liberdade sindical plena.

---

42 *In:* Págs. 1232 e 1233.

43 *In:* Págs. 1232 e 1233.

44 *Idem. Págs. 1232 e 1233.*

45 *In:* ***Compêndio de Direito Sindical.*** Pág. 154.

Enfim, conforme as lições expostas, pode-se concluir que, mostra-se de caráter emergencial a reforma do modelo sindical brasileiro, devendo começar pela ratificação da Convenção nº. 87 da Organização Internacional do Trabalho, sendo que tal modificação legislativa traria novos horizontes à negociação coletiva no Brasil, pois, o modelo atual desestimula a busca de soluções negociadas entre trabalhadores e empregadores.

1.1.7 A Convenção nº. 98 da OIT

Poder-se-ia imaginar que a Convenção nº. 98 da OIT, da qual o Brasil é signatário, seria de maior importância para o objeto do presente trabalho acadêmico, todavia, com suporte nos ensinamentos dos mais respeitados estudiosos do Direito do Trabalho no Brasil, o entendimento mais adequado é no sentido de que a Convenção nº. 98 é um complemento da Convenção nº. 87, ambas da OIT, esta última não ratificada pelo Brasil.

Assim sendo, o incentivo a ser dado pelos países signatários da Convenção nº. 98 da OIT a que os conflitos coletivos de trabalho sejam evitados (preventivamente) ou solucionados (em última instância) pelas negociações coletivas de trabalho somente comporta ideal apelo em um sistema de plena liberdade sindical, em consonância com as diretrizes da Convenção nº. 87 da OIT, inexistindo perfeita adequação com um modelo sindical com resquícios do corporativismo, o que se vê no modelo sindical atual, estabelecido pelo texto constitucional de 1988.

Importantes são as palavras de *Pedro Paulo Teixeira Manus* sobre a necessidade de democratização da estrutura sindical brasileira, em conformidade com as diretrizes da Convenção nº. 87 da OIT, repise-se, ainda não ratificada pelo Brasil, para o fortalecimento do poder de negociação das entidades sindicais, pensamento que se adequa perfeitamente com o exposto a respeito da complementação existente entre as Convenções nº. 87 e 98 da OIT, face ao exposto no parágrafo anterior, *"in verbis"*:

> "(...) é fundamental deixar claro que não há como fortalecer o poder de negociação coletiva das entidades sindicais sem que se democratize a própria estrutura sindical brasileira (...)
>
> A autonomia privada coletiva tem também como fundamentos a liberdade sindical e a autonomia sindical, nos termos da Convenção nº. 87 da Organização Internacional do Trabalho, que, após 50 anos de vigência, o Brasil ainda não a ratificou".[46]

Por isso, com respaldo nos ensinamentos de *Pedro Paulo Teixeira Manus*, certamente, o incentivo à negociação coletiva de trabalho, ainda que em momentos de crises empresariais em busca de soluções menos gravosas que a dispensa coletiva, somente encontra a idealizada adequação em um sistema de plena liberdade sindical, eis então a supremacia da Convenção nº. 87 da OIT sobre a Convenção nº. 98 da

---

46 *In:* ***Negociação coletiva e contrato individual de trabalho***. Pág. 134.

OIT, mesmo quando o assunto seja o colocado como objeto central do presente livro jurídico.

Ilustrativas são as lições de *José Cláudio Monteiro de Brito Filho*:

> "Conveniente aduzir que o Brasil não ratificou a Convenção n. 87 da OIT, (...)
>
> Ela se complementa com a Convenção n. 98, que trata da 'aplicação dos princípios do direito de sindicalização e de negociação coletiva'; foi adotada em 1º. de julho de 1949 e ratificada pelo Brasil em 18 de novembro de 1952 (data do registro)".[47]

O mesmo doutrinador e estudioso trabalhista, reportando-se à importância de que a Convenção nº. 98 da OIT seja interpretada em conformidade com a Convenção nº. 87 da OIT, dada a complementaridade existente entre ambas – combinação que permite a existência de um modelo no qual a liberdade sindical encontra plenitude, sem controle do Estado – faz as seguintes considerações:

> "Estas duas Convenções instituem as bases para se conceber o verdadeiro regime de liberdade sindical e constituem, junto com as Convenções ns. 29 e 105 (proibição do trabalho forçado), 100 e 111 (igualdade de remuneração e proibição de discriminação) e 138 (erradicação do trabalho infantil), o conjunto de normas fundamentais em matéria de direitos humanos básicos".[48]

Além da Convenção nº 98 outras tratam sobre o direito de negociação coletiva, apesar de ser a mencionada mais importante a respeito do tema.

José Cláudio Monteiro de Brito Filho[49] menciona outros Tratados Internacionais a respeito do tema: a Convenção nº. 135 da OIT (sobre representantes dos trabalhadores na empresa), a Convenção nº. 141 da OIT (organizações de trabalhadores rurais), a Convenção nº. 151 da OIT (sindicalização na administração pública), a Convenção nº. 154 (negociação coletiva); além das Recomendações da OIT nº. 91 (contratos coletivos de trabalho), 92 (conciliação e arbitragem voluntária), 143 (representantes dos trabalhadores), 149 (organizações de trabalhadores rurais), 159 (relações de trabalho na administração pública) e 163 (negociação coletiva).

Homero Batista Mateus da Silva, com muita clareza expõe seus ensinamentos a respeito da indissociável complementaridade existente entre as Convenções nº. 87 e 98 da OIT, conforme as próprias palavras utilizadas pelo referido estudioso, vejamos:

> "A Organização Internacional do Trabalho considera a Convenção 87 (liberdade sindical) indissociável da Convenção 98 (negociação coletiva), no que está corretíssima: não há liberdade sindical se os atores não puderem celebrar os convênios que melhor lhes aprouver, assim como os convênios não poderiam ser celebrados se as entidades estivessem atreladas ao jugo do Poder Executivo. É por isso que o Brasil vive em permanente estado de contradição e causa perplexidade com

---

47 *In:* ***Direito Sindical.*** Pág. 76.

48 *Idem.* Pág. 77.

49 *Idem.* Pág. 77.

seu sistema de unicidade sindical, contribuição sindical compulsória, sistema de categorias e, ainda assim, paladino da negociação coletiva. É seguramente uma negociação coletiva de média dimensão. O país não conheceu o esplendor que a negociação pode atingir, insistindo em jejuar na fartura".[50]

Ora, os ensinamentos acima transcritos vão de encontro com o que se quer salientar no presente tópico, deste humilde trabalho, ou seja, não é possível alcançar a plenitude da potencialidade apresentada pelas negociações coletivas sem um modelo de plena liberdade sindical.

A proposta do presente livro jurídico, é avaliar a necessidade de observância do direito fundamental de negociação coletiva quando da possibilidade de dispensa coletiva de trabalhadores, na busca de soluções menos graves e danosas, com respeito ao dever de boa fé objetiva.

Ora, em um modelo no qual ainda não há garantia da plena liberdade sindical, confrontando-se o modelo estabelecido pela CF/1988 com aquele apresentado pela Convenção nº. 87 da OIT, certamente encontra-se limitada a proposta de que seja respeitado o direito fundamental à negociação coletiva previamente a qualquer medida drástica a ser tomada pela empresa em crise.

Ou seja, a proposta apresentada no presente livro mostra-se dificultada pela estrutura sindical existente no Brasil atual, diante da impossibilidade de que exista efetiva representatividade dos trabalhadores interessados na negociação, bem como em vista do distanciamento das entidades sindicais dos locais de trabalho, restando todo o negociado restrito ao âmbito abstrato da categoria profissional e não atingindo efetivamente e diretamente os reais interessados (trabalhadores da empresa em crise).

Amauri Mascaro Nascimento[51] leciona sobre a prevalência dada pela Organização Internacional do Trabalho (OIT) para as negociações coletivas de trabalho sobre outras formas de busca de soluções para a resolução de conflitos coletivos trabalhistas, sendo que, as negociações coletivas podem ser consideradas uma forma democrática de evitar o conflito ou de resolvê-lo pacificamente.

O mesmo doutrinador ressalta que a Organização Internacional do trabalho não adotou uma posição sobre a preferência pela negociação coletiva centralizada nos locais de trabalho ou àquela que se estende a todo o âmbito da categoria, mas reconheceu ambas as modalidades, recomendando *"que cada país encontre a sua fórmula, de acordo com as suas características e necessidades a atender"*.[52]

Em cotejo a tais lições, por certo podemos afirmar que para a finalidade almejada por meio do debate inserido nesse livro a melhor modalidade é aquela que prestigia a negociação coletiva nos locais de trabalho, pois, nas crises econômicas empresariais os problemas trabalhistas estão focalizados na própria empresa e não se estendem a toda categoria profissional.

---

50 *In:* ***Curso de direito do trabalho aplicado, vol. 7: direito coletivo do trabalho.*** Pág. 157.

51 *In:* ***Compêndio de Direito Sindical.*** Págs. 413 e 414.

52 *Idem.* Págs. 413 e 414.

Realmente, em conformidade com as lições de *Amauri Mascaro Nascimento*, pode-se afirmar com precisão que a Organização Internacional do Trabalho (OIT), por meio da Convenção nº. 98, além de outras Convenções e Recomendações Internacionais, busca estimular a prática das negociações coletivas de trabalho como forma pacífica e democrática de resolução dos conflitos trabalhistas, sendo que, nos momentos de crises empresariais a negociação coletiva surge como o principal mecanismo para que sejam evitadas as demissões coletivas de trabalhadores.

Ora, o respeito ao direito à negociação coletiva de trabalho permite que sejam buscadas soluções menos gravosas aos trabalhadores, com base no princípio da boa-fé objetiva que circunda as obrigações decorrentes do contrato de trabalho, pois, agir com boa-fé objetiva na condução do contrato de trabalho exige o respeito ao direito fundamental de negociar coletivamente antes que sejam procedidas dispensas coletivas de trabalhadores.

A Convenção nº. 98 da OIT necessita do complemento das normas da Convenção nº. 87 da OIT na medida em que o direito à negociação coletiva de trabalho somente encontra efetividade em um modelo sindical de plena liberdade, podendo-se acrescentar ao almejado sistema a tendência a que tenhamos um sindicalismo mais participativo do que combativo, um sindicalismo de controle e participação e não de oposição, tendo-se a participação dos trabalhadores na gestão da empresa como um mecanismo a ser incentivado.

A estrutura sindical brasileira atual é representada por uma pirâmide, colocando-se os sindicatos de base como aqueles que realmente pretendem a representação da classe trabalhadora, situados na parte de baixo da pirâmide, acima na hierarquia colocando-se na parte intermediária as Federações Sindicais, que buscam a organização do sistema sindical brasileiro em âmbito regional, e no topo da pirâmide estão as Confederações Sindicais, que zelam pela coordenação e organização do sistema sindical brasileiro em âmbito nacional em busca da união de toda a categoria profissional.

Todo esta estrutural sindical brasileira limita-se pelo princípio da unicidade sindical; eis o obstáculo à efetividade da negociação coletiva para a solução de problemas trabalhistas no Brasil.

Enfim, a concretização da negociação coletiva corresponde ao exercício da ação sindical, eis a importância da obtenção da plena liberdade sindical.

1.2 A EVOLUÇÃO HISTÓRICA DO SINDICALISMO NO BRASIL

Inicialmente, há que se considerar ter sido a opção na elaboração do presente livro jurídico pelo estudo em separado do sindicalismo na Europa Ocidental e do sindicalismo brasileiro, assim é que se nos tópicos anteriores preferiu-se pela abordagem do sindicalismo no plano estrangeiro neste e nos próximos tópicos a preocupação será com a história do sindicalismo no Brasil.

Segundo *José Cláudio Monteiro de Brito Filho*[53], o desenvolvimento histórico do sindicalismo brasileiro ocorreu em épocas distintas frente a cronologia verificada no exterior; principalmente porque a economia do Brasil Imperial, e mesmo as condições do início do século XX, não permitiam a formação de autênticas associações de classes em larga escala, existindo algumas poucas, eis que tínhamos uma sociedade essencialmente agrária, ao contrário do que se verificava na Europa.

Mascaro Nascimento[54] relata que já no séc. XVII o Brasil conheceu as corporações de ofício, que não se identificavam com as corporações de ofício européias da Idade Média, tendo finalidades administrativa e religiosa, sem um sentimento classista, ao contrário das co-irmãs medievais européias.

Mas, deixaremos o estudo das corporações de ofício que existiram no Brasil para o tópico seguinte, com fins didáticos, sendo a preocupação deste tópico apenas o estudo da cronologia do sindicalismo no Brasil.

Por sua vez, *Alice Monteiro de Barros*[55] corrobora com as lições de *José Cláudio Monteiro de Brito Filho* no sentido de que a evolução histórica do sindicalismo brasileiro ocorreu em velocidade e épocas distintas do que se verificou no sindicalismo europeu.

Alice Monteiro de Barros[56] esclarece o fato de que o Brasil até o início do século XX tinha uma economia essencialmente agrícola, não havendo condições propícias ao sindicalismo, por isso, as primeiras leis sindicais brasileiras voltaram-se aos trabalhadores agrícolas, ao contrário do que ocorreu na Europa, cujas leis sindicais visavam aos trabalhadores urbanos.

Com base nas lições de *Evaristo Moraes Filho*, ressalta *Alice Monteiro de Barros*[57] que no séc. XIX a história nos mostra alguns exemplos de associações de classe, quais sejam, a Liga Operária (1870) e a União Operária (1880).

Todavia, de acordo com os ensinamentos de *José Cláudio Monteiro de Brito Filho*[58] pode-se afirmar que o modelo econômico existente no Brasil até o início do século XX não oferecia condições para o desenvolvimento de um autêntico movimento sindical.

Apesar de todas as considerações feitas, que dissociam a evolução histórica do sindicalismo brasileiro daquela evolução histórica originariamente encontrada no movimento sindical europeu, com base nas lições de *Mascaro Nascimento*[59], mostra-se correta a afirmação de que doutrinariamente as fases do sindicalismo brasileiro são semelhantes às fases do sindicalismo na Europa.

---

53 *In:* ***Direito Sindical.*** Pág. 57.

54 *In*: FERRARI, Irany; NASCIMENTO, Amauri Mascaro Nascimento & MARTINS FILHO, Ives Gandra da Silva. ***História do Trabalho, do Direito do Trabalho e da Justiça do Trabalho.*** Pág. 79.

55 *In:* ***Curso de Direito do Trabalho.*** Pág. 1222.

56 *Idem.* Pág. 1222.

57 *Idem.* Pág. 1222.

58 *In:* ***Direito Sindical.*** Pág. 57.

59 *In:* ***Compêndio de Direito Sindical.*** Pág. 113.

Ora, assim como na Europa, o sindicalismo no Brasil conheceu as fases de proibição, de tolerância e de reconhecimento, ainda que as referidas fases no Brasil tenham se dado em momentos históricos distintos.

Amauri Mascaro Nascimento ressalta que as ideias liberais de repressão às associações de classe repercutiram no Brasil, como segue:

> "Com o liberalismo, as idéias que se expandiram na Europa, de supressão das corporações de ofício por serem consideradas organismos limitativos da liberdade individual e contrários aos novos princípios políticos da Revolução Francesa de 1789, influíram entre nós expressando-se na Constituição de 1824".[60]

Prossegue o mesmo doutrinador:

> "Como em outros países, também no Brasil as corporações de ofício precederam os sindicatos, o direito de associação, depois de proibido, foi restabelecido, o corporativismo do Estado Novo exerceu forte controle sobre os sindicatos e no fim dos governos militares abriu-se uma nova perspectiva para o movimento sindical".[61]

Então, a fase de proibição no sindicalismo brasileiro tem como marco histórico a Constituição do Império de 1824 (art. 179, nº. 25) que aboliu as corporações de ofício.[62]

A fase de tolerância tem como marco histórico a Constituição Republicana de 1891.[63]

Logo em seguida, no início do século XX, surgiram as primeiras leis sindicais brasileiras, em 1903 para o sindicalismo rural e 1907 para os urbanos, eis as lições de *Mascaro Nascimento:*

> *"no plano normativo, o sindicalismo brasileiro remonta a 1903 com o sindicalismo rural, e 1907 com o sindicalismo urbano, ambos sem maior ressonância e com significado unicamente histórico".*[64]

Nos dias atuais pode-se afirmar que o sindicalismo brasileiro está em busca da democratização, ou seja, intrinsecamente a fase do reconhecimento jurídico do sindicalismo no Brasil há que se falar em dois momentos históricos.

Um primeiro momento seria a expansão do sindicalismo sob forte intervenção estatal e influenciado pelos ideais fascistas italianos, o chamado corporativismo sindical.

---

60 *In:* FERRARI, Irany; NASCIMENTO, Amauri Mascaro Nascimento & MARTINS FILHO, Ives Gandra da Silva. ***História do Trabalho, do Direito do Trabalho e da Justiça do Trabalho.*** Pág. 79.

61 *Idem.* Pág. 113.

62 BRITO FILHO, José Claudio Monteiro de. ***Direito Sindical.*** Pág. 57.

63 *Idem.* Pág. 57.

64 *In:* ***Compêndio de Direito Sindical.*** Pág. 119.

E um segundo momento marcado pela conquista da liberdade sindical, com a promulgação da Constituição Federal de 1988, ainda que não seja uma liberdade sindical plena e sim controlada pelo Estado e fora dele.

Por fim, é possível dizer que no século XXI constrói-se um terceiro momento do sindicalismo depois do reconhecimento jurídico pelo Estado, caracterizado pelo pleito de que seja garantida no Brasil a liberdade sindical plena, democrática, com o fim da unicidade sindical, com a extinção das contribuições sindicais obrigatórias e com a participação dos trabalhadores na gestão da empresa.

1.2.1 A existência de corporações de ofício no Brasil

Toda a doutrina trabalhista brasileira afirma a existência de corporações de ofício no Brasil, que precederam a formação dos sindicatos brasileiros, assim como ocorreu com a formação histórica do sindicalismo europeu.

Amauri Mascaro Nascimento [65] leciona que já no século XVII o Brasil conheceu as corporações de ofício, sem semelhança com as medievais, sendo que, tais corporações de ofício *"tupiniquins"* tinham finalidades políticas, religiosas e administrativas, daí a distinção com as agremiações sindicais que buscam essencialmente a defesa dos direitos da categoria de trabalhadores, além do mais, esclarece que as corporações de ofício brasileiras eram formadas por similitude ou conexão profissional.

Segue a transcrição das lições do mencionado doutrinador:

> "No Brasil existiram corporações de ofício, não idênticas às medievais, como assinala José Martins Catharino, em 'Tratado Elementar de Direito Sindical' (1977), na Bahia, em Salvador, com as corporações de oficiais mecânicos e de ourives, em 1699, quando os ofícios mecânicos eram agrupados por similitude ou conexão profissional. Por exemplo, os carpinteiros reuniam-se com torneiros, marceneiros, entalhadores, etc. Essas corporações tinham caráter administrativo e religioso, conseguiram ter representantes eleitos na Câmara Municipal, juízes do povo e mestres".[66]

Ainda, *Mascaro Nascimento* informa que as ideias liberais surgidas na Europa influenciaram o direito brasileiro, da mesma forma como impuseram a supressão das corporações de ofício europeias, no Brasil influenciaram a elaboração da Constituição Imperial Brasileira de 1824 e levaram ao fim das corporações de ofício brasileiras, sem que tal fator pudesse impedir a formação de outros tipos de associações de classes no Brasil, ainda que isoladamente.

Segue a transcrição das lições do referido estudioso *"justrabalhista"*:

---

65 *In*: FERRARI, Irany; NASCIMENTO, Amauri Mascaro Nascimento & MARTINS FILHO, Ives Gandra da Silva. ***História do Trabalho, do Direito do Trabalho e da Justiça do Trabalho.*** Pág. 79.

66 *Idem*. Pág. 79.

> "Com o Liberalismo, as idéias que se expandiram na Europa, de supressão das corporações de ofício por serem consideradas organismos limitativos da liberdade individual e contrários aos novos princípios políticos da Revolução Francesa de 1789, influíram entre nós expressando-se na Constituição de 1824.
>
> Proibidas pela lei, as poucas corporações de ofício foram extintas, desintegrando-se a estrutura associativa existente, sem que fosse imediatamente substituída por outra forma de associação. Todavia, na mesma ocasião, em que em outros países surgiram iniciativas isoladas de coalizão dos trabalhadores, com reflexos também entre nós, apareceram alguns tipos de associação, com diversas formas e nomes, com fins nem sempre coincidentes com aqueles que hoje têm os sindicatos, diversificando, portanto, a fisionomia desses agrupamentos sob a influência de fatores constitutivos de ordem trabalhista, mas, também, de natureza étnica e ideológica".[67]

Por sua vez, seguindo a mesma linha de raciocínio de *Mascaro Nascimento*, afirma *José Cláudio Monteiro de Brito Filho* [68], remetendo aos ensinamentos de *Mozart Victor Russomano*, que as corporações de ofício brasileiras, conhecidas como confrarias, eram poucas e nada tinham a ver com as corporações de ofício medievais europeias, precederam aos sindicatos modernos e foram extintas pela Constituição Imperial de 1824, influenciada pelo liberalismo.

Portanto, assim como ocorreu na Europa, ainda que um pouco mais tardiamente, as corporações de ofício podem ser consideradas as primeiras formas de associações de classes no Brasil, não guardavam semelhanças com as corporações de ofício da Idade Média e não tinham por finalidade a representação na luta por direitos trabalhistas, até mesmo porque o momento histórico não era propício para tanto, em sociedade colonial, mas, apresentam relevo histórico por serem a fase embrionária do sindicalismo nascido no Brasil no limiar do século XX.

Apenas a título ilustrativo era o que queria dizer sobre as corporações de ofício *"tupiniquins"*.

1.2.2 O sindicalismo no Brasil: desde as primeiras leis, passando pela intervenção estatal, até os dias atuais

Resumidamente, a evolução histórica do sindicalismo brasileiro pode ser representada pelos seguintes marcos históricos: as corporações de ofício precederam aos sindicatos modernos; a Constituição Imperial de 1824 proibiu as corporações de ofício; mesmo com a proibição das corporações de ofício algumas coalizões classistas surgiram em pequena escala no século XIX; a Constituição Republicana de 1891 permitiu a liberdade de associação entre trabalhadores; as primeiras leis sindicais brasileiras são de 1903 para os trabalhadores rurais e de 1907 para os trabalhadores urbanos; o movimento sindical brasileiro sofreu muitas represálias no seu início, a partir da década de 30 do século XX os sindicatos foram incorporados pelo Estado

---

67 *Idem.* Págs. 79 e 80.

68 *In:* ***Direito Sindical.*** Pág. 57.

com o corporativismo estatal; a Constituição Federal de 1988 pôs fim à intervenção estatal nos sindicatos e deu outras dimensões ao sindicalismo brasileiro privilegiando a liberdade sindical, mas, as bases do corporativismo ainda permanecem (unicidade sindical, sindicalismo por categorias, contribuição sindical obrigatória, poder normativo da Justiça do Trabalho).

Conforme as lições doutrinárias, é certo que o sindicalismo atual brasileiro começou a ser formado no início do século XX, primeiramente com a criação de associações de classe, sem caráter sindical, de acordo com as lições de *Monteiro de Brito Filho*: *"a União dos Operários Estivadores (1903); a Sociedade União dos Foguistas (1903); a Associação de Resistência dos Cocheiros, Carroceiros e Classes Anexas (1906) e a União dos Operários em Fábricas de Tecidos (1917), além da Confederação Geral dos Trabalhadores (1920)"*.[69]

Monteiro de Brito Filho[70], apoiado nas lições de *Mascaro Nascimento* e de *Luiz Werneck Viana*, afirma que esta primeira fase do sindicalismo foi influenciada pelo anarcossindicalismo, eram os dirigentes sindicais da época imigrantes europeus e houve forte repressão na época.

Tal sindicalismo, ainda incipiente, durou até a década de 20 do século XX e sofreu ruptura pelo modelo getulista a partir dos anos 30.

Então, com a chegada de Getúlio Vargas ao poder, em 1930, o moderno sindicalismo brasileiro ganha novos caminhos, deixando as influencias anarcossindicalistas e ganhando foros corporativistas.

José Cláudio Monteiro de Brito Filho[71], remetendo às lições de *Amauri Mascaro Nascimento*, informa que o novo período do sindicalismo brasileiro iniciado em 1930 é denominado de fase intervencionista.

Manus[72], com precisão, leciona que após a fase inicial, com a Revolução Getulista de 1930 o sindicalismo entra em outro momento histórico, sendo que, tal processo de mudança pode ser divido em vários momentos: de 1930 até 1934, por meio do Decreto nº. 19.770/1931 foi estruturada a organização sindical brasileira e posteriormente reconhecidas oficialmente as convenções coletivas de trabalho; de 1934 até 1937, quando por meio do Decreto nº. 24.694/1934 foram feitos alguns ajustes na organização sindical e adotou-se a pluralidade sindical; de 1937 até a CF/1946, quando foi adotado o princípio da unicidade sindical pelo Decreto-lei nº. 1.402/1939 e a fiscalização dos sindicatos por meio do Ministério do Trabalho; e de 1946 até os dias atuais, com o corporativismo sindical, mantido pelas Constituições de 1967 e 1969, e com a conquista da liberdade sindical, sendo mantidos alguns resquícios do corporativismo depois da CF/1988.

---

69 *Idem*. Pág. 58.

70 *Idem*. Pág. 59.

71 *Idem*. Pág. 60.

72 *In*: ***Direito do Trabalho.*** Págs. 258 e 259.

As negociações coletivas de trabalho receberam reconhecimento formal pelo Estado em 1932, por meio do Decreto nº. 21.764, uma contradição segundo a doutrina, pois, a autonomia negocial dos sindicatos não se harmoniza com o controle estatal, de acordo com as lições de *Amauri Mascaro Nascimento.*[73]

Na verdade, seguindo as lições do próprio *Amauri Mascaro Nascimento*[74], a negociação coletiva de trabalho encontra duas fases distintas dentro do direito brasileiro, a primeira fase do reconhecimento formal em 1932 até a Constituição de 1988, e a segunda fase de 1988 até os nossos dias atuais.

Portanto, pode-se dizer que o sindicalismo brasileiro foi fecundado nas corporações de ofício, nasceu com o anarcossindicalismo, desenvolveu-se durante o intervencionismo (certa contradição histórica) e evoluiu para a liberdade sindical a partir da CF/1988, mesmo que ainda não seja plena.

1.2.3 O reconhecimento formal das convenções coletivas de trabalho pelo Decreto nº. 21.761, de 1932

Tendo-se em vista que o tema do presente trabalho acadêmico versa sobre as negociações coletivas de trabalho, com maior exatidão as negociações coletivas como mecanismo de solução dos problemas trabalhistas surgidos em momentos de crises empresariais, faz-se importante um breve apanhado histórico da evolução legislativa do instituto das negociações coletivas de trabalho no Brasil.

A doutrina aponta que o reconhecimento formal das convenções coletivas de trabalho no Brasil (o reconhecimento foi por meio dessa denominação, já que a legislação não falava em negociação coletiva e nem mesmo em acordo coletivo), ocorreu quando da edição do Decreto nº. 21.761, de 23/08/1932.

Enoque Ribeiro dos Santos[75] enuncia que a evolução legislativa sobre as negociações coletivas de trabalho *"teve como ponto de partida o Decreto n. 21.761, de 23.8.1932"*.

Porém, há que se ressaltar ter sido um fato histórico meramente formal, pois, diante do intervencionismo estatal nos sindicatos não houve qualquer eficácia social o reconhecimento formal das convenções coletivas.

Ora, como dogmatiza a Teoria Geral do Direito, tratava-se de norma com eficácia jurídica e não social.

Tais razões são sustentadas por *Mascaro Nascimento*, segundo o qual havia uma contradição entre o reconhecimento formal das negociações coletivas (utilizando a legislação da época a terminologia convenção coletiva de trabalho) e o intervencionismo estatal nos sindicatos, eis as lições a seguir:

---

73 *In*: FERRARI, Irany; NASCIMENTO, Amauri Mascaro Nascimento & MARTINS FILHO, Ives Gandra da Silva. ***História do Trabalho, do Direito do Trabalho e da Justiça do Trabalho.*** Pág. 130.

74 *Idem*. Pág. 131.

75 *In:* ***Direitos Humanos na Negociação Coletiva.*** Pág. 133.

> "As bases legais em que foi fundamentada no Brasil a negociação coletiva situam-se no ordenamento jurídico intervencionista do corporativismo estatal. Essa concepção prestigia a lei em detrimento da autonomia coletiva dos particulares. É marcada pelo contraste entre o controle do sindicalismo, pelo Governo (Decreto n. 19.770, de 1931) e o reconhecimento, meramente formal, das convenções coletivas de trabalho (Decreto n. 21.764, de 1932), em manifesta contraposição, como se fossem harmonizáveis a intervenção do Estado na organização sindical e a liberdade de negociação coletiva dos sindicatos".[76]

Por isso, os mais renomados doutrinadores trabalhistas sustentam que a negociação coletiva no Brasil somente passou a uma posição de destaque a partir da Constituição de 1988, pois até então se colocava na posição de coadjuvante.

Outrossim, *Mascaro Nascimento*[77] aponta a existência de outra contradição entre o reconhecimento formal das convenções coletivas pelo Decreto n. 21.761, de 1932, e as diretrizes que regiam a política governamental legislativa sobre as relações de trabalho da época, ou seja, além da contradição com o intervencionismo estatal nos sindicatos, a autonomia privada coletiva reconhecida era contraditória com a larga produção legislativa estatal sobre Direito do Trabalho.

Eis os ensinamentos do mesmo, como seguem:

> "Coerente com a heteronomia do sistema, o Estado aprovou a lei (Dec. n. 21.761) em 1932 instituindo o direito de contratação coletiva do trabalho, apesar do contraste entre a regulamentação jurídica ampla que se efetivava e a idéia da auto-elaboração das normas pelos próprios interlocutores sociais, inerente à negociação coletiva das condições de trabalho pelos sindicatos.
>
> Não é difícil concluir que não havia espaço maior para essa negociação diante da seguida expedição de decretos pelo Poder Público, disciplinando as relações entre os trabalhadores e os empregadores com a atribuição de direitos e deveres recíprocos, fixados para cada tipo de atividade e profissão".[78]

É certo que apesar do reconhecimento formal pelo Decreto nº. 21.761, de 1932, as negociações coletivas somente ganharam real e efetiva eficácia social a partir da Constituição Federal de 1988.

1.2.4 A negociação coletiva de trabalho nas Constituições Brasileiras

A Constituição de 1988 é um marco histórico para as relações coletivas de trabalho no Brasil, por garantir a liberdade sindical, ainda que não seja plena, bem como por ter elevado ao nível constitucional o direito à negociação coletiva.

---

76 *In*: FERRARI, Irany; NASCIMENTO, Amauri Mascaro Nascimento & MARTINS FILHO, Ives Gandra da Silva. ***História do Trabalho, do Direito do Trabalho e da Justiça do Trabalho.*** Pág. 130.

77 *Idem.* Pág. 91.

78 *Idem.* Pág. 91.

São os dois paradigmas principais a serem observados nas relações coletivas de trabalho no Brasil: a liberdade sindical e a negociação coletiva.

Para os propósitos do presente livro jurídico tal assertiva se mostra perfeitamente adequada, pois, a busca de soluções por meio de negociação coletiva para problemas trabalhistas decorrentes de crises empresariais somente encontra efetividade em um modelo sindical que zele pelo princípio da liberdade sindical.

Uma análise da evolução histórica das Constituições Brasileiras permite observar que, conforme as lições de *Alice Monteiro de Barros*[79], as negociações coletivas de trabalho somente ganharam reconhecimento e foram garantidas como direito fundamental dos trabalhadores a partir da CF/1988.

Segundo *Alice Monteiro de Barros*[80], a Constituição Imperial de 1824 somente garantiu a liberdade de trabalho e proibiu as corporações de ofício, nada mais dispondo sobre o Direito Coletivo do Trabalho.

A Constituição Republicana de 1891 apenas assegurou a liberdade de associação, sem fazer qualquer menção sobre a negociação coletiva de trabalho, de acordo com os ensinamentos de *Monteiro de Barros.*[81]

A Constituição de 1934 inovou ao garantir a pluralidade sindical e a autonomia dos sindicatos, no lugar da unicidade sindical, prescrição normativa constitucional que durou pouco tempo no ordenamento brasileiro, inexistindo no texto constitucional de 1934 qualquer previsão sobre o direito à negociação coletiva, ainda porque a intervenção estatal nos sindicatos era um empecilho para o desenvolvimento da autonomia privada coletiva.[82]

A Constituição de 1937 não fez qualquer menção prescritiva ao direito de negociação coletiva, o que se houvesse seria uma contradição, pois, frente ao Estado intervencionista (Estado Novo) da época, no qual o sindicalismo tinha uma estrutura organizacional essencialmente corporativista, nenhum espaço restou para a autonomia privada coletiva, são as lições da doutrina.[83]

Sem qualquer menção ao direito fundamental de negociação coletiva de trabalho: *"a Constituição de 1946 retoma as diretrizes democráticas inseridas na Constituição de 1934".*[84]

Seguindo tal linearidade histórica, verifica-se que a Constituição Federal de 1967 (emendada em 1969) apesar de fazer referência ao direito de greve, ao direito de associação profissional e às contribuições sindicais, não garantiu expressamente o direito fundamental à negociação coletiva de trabalho.[85]

---

79 *In:* ***Curso de Direito do Trabalho.*** Pág. 1223.

80 *Idem.* Pág. 1223.

81 *Idem.* Pág. 1223.

82 *Idem.* Pág. 1223.

83 *Idem.* Pág. 1223.

84 *Idem.* Pág. 1224.

85 *Idem.* Pág. 1224.

Então, conforme as lições de *Romita*, a CF/88 inovou ao reconhecer o direito fundamental de negociação coletiva como instrumento democrático que permite maior liberdade na regulamentação das relações de trabalho, admitindo inclusive a flexibilização circunstancial dos direitos trabalhistas, eis as razões:

> "O segundo direito fundamental considerado, entre os direitos de solidariedade, é a negociação coletiva. A Constituição de 1988 é o primeiro texto de direito constitucional brasileiro a reconhecer este instituto, típico do Estado Democrático de Direito, que reflete um aspecto da liberdade nas relações entre o sindicato de trabalhadores e o empregador, ou sindicato de empregadores. A Constituição menciona expressamente o instituto da negociação coletiva de condições de trabalho no art. 7º, incisos VI, XIII e XIV; art. 114, §§1º e 2º, além de proclamar expressamente o 'reconhecimento das convenções e acordos coletivos de trabalho' (art. 7º, inciso XXVI)".[86]

A CF/1988 é um marco para o tema objeto nuclear deste trabalho, pois, tornou a negociação coletiva um paradigma nas relações coletivas laborais.

Destarte, deve-se afirmar que o direito fundamental à negociação coletiva é uma conquista que somente encontrará real efetividade em um modelo de liberdade sindical plena, conforme preconizado pela Convenção nº. 87 da OIT.

1.2.5 A negociação coletiva de trabalho e o ordenamento jurídico brasileiro no século XXI

Os principais paradigmas das relações coletivas de trabalho no Brasil, no presente século XXI, são certamente a liberdade sindical e o estímulo às negociações coletivas de trabalho.

O presente livro jurídico tem por escopo tratar sobre a utilização da negociação coletiva como mecanismo para a busca de soluções para problemas trabalhistas nas crises empresariais, evitando-se assim a drástica dispensa coletiva de trabalhadores, tendo-se em vista o direito fundamental à negociação coletiva, o dever de negociar, o dever de boa fé objetiva, o direito à informação e os demais deveres contratuais anexos (ou instrumentais) ao contrato individual de trabalho.

Nesta toada, é correta a afirmação de que o direito à negociação coletiva, enquanto direito fundamental dos trabalhadores, corresponde à eficácia horizontal dos direitos fundamentais nas relações privadas, ou seja, a negociação coletiva é reconhecida pela CF/1988 (art. 8º., inc. XXVI) como direito fundamental a ser respeitado de particular para particular, de sindicato para sindicato, direito-dever das empresas e do sindicato profissional nos acordos coletivos de trabalho.

Sobre a eficácia horizontal dos direitos fundamentais nas relações laborais, conforme as lições de *Joselita Nepomuceno Borba*, refere-se a observância dos direitos

---

86 *In:* ***Direitos fundamentais nas relações de trabalho***. Pág. 333.

fundamentais protetivos da dignidade humana nas relações entre particulares e não nas relações dos particulares frente o Estado.[87]

É sob esta perspectiva que deve ser interpretado o dever de negociar nas relações coletivas de trabalho, como um direito fundamental, a ser observado com base no princípio da boa fé objetiva, como dever contratual instrumental.

Além do mais, a doutrina trabalhista vem estudando nos últimos anos o direito de cidadania dos trabalhadores na empresa, sob a perspectiva da eficácia horizontal dos direitos fundamentais.

Andréa Presas Rocha explica que o direito de cidadania na empresa relaciona-se *"aos direitos fundamentais não especificamente laborais, aos direitos do cidadão, que os exerce enquanto trabalhador na empresa"*, pois, *"o trabalhador, ao aderir ao contrato de trabalho, não renuncia à sua condição de cidadão; ao contrário, permanece ele como titular de todos os direitos que a Constituição lhe reconhece como cidadão"*.[88]

Assim, podemos enquadrar perfeitamente o direito fundamental à negociação coletiva de trabalho como o direito de cidadania na empresa sob a perspectiva da eficácia horizontal dos direitos fundamentais, caracterizando-se como direito e dever anexo (conexo ou instrumental) ao contrato individual de trabalho, com respaldo no princípio da boa-fé objetiva.

Esses são os parâmetros que direcionam as relações coletivas de trabalho no século XXI, não só no Brasil, mas também em vários países do mundo.

O estudioso português *José João Abrantes* explica que os direitos fundamentais estão longe de serem considerados apenas direitos do homem e do cidadão genéricos e abstratos, considerando-se direitos dos trabalhadores, sendo que, tais direitos *"implicam uma concepção plural e patrimonialista da empresa, que reconhece como valor a conflitualidade que lhe é inerente"*.[89]

Prossegue o mesmo autor português afirmando que são direitos dos trabalhadores dentro e fora da empresa, salientando que *"o conjunto formado por liberdade sindical, negociação coletiva e greve é, na verdade, condição necessária de todas as outras liberdades dos trabalhadores"*.[90]

Ora, tais razões são suficientes para a compreensão do papel das negociações coletivas no século XXI, qual seja, como mecanismo de democratização das relações coletivas de trabalho, em busca da efetividade dos direitos fundamentais, sob a perspectiva da eficácia horizontal.

Homero Batista Mateus da Silva alerta sobre a emergência de que a sociedade se atente para a importância da negociação coletiva de trabalho como forma de

---

87 *In:* ALMEIDA, Renato Rua de (coordenador). Adriana Calvo e Andréa Presas Rocha (organizadoras). ***Direitos fundamentais aplicados ao direito do trabalho.*** Vários autores. Pág. 62.

88 *Idem.* Pág. 41.

89 *In:* ***Contrato de Trabalho e Direitos Fundamentais.*** Págs. 50, 51, 52 e 53.

90 *Idem.* Pág. 53.

democratização das relações laborais, podendo ser considerada a essência do Direito do Trabalho nos dias atuais.[91]

Enfim, *Manus* alerta para a necessidade de democratização da estrutura sindical brasileira para que as negociações coletivas tenham efetividade.[92]

---

[91] *In:* ***Curso de direito do trabalho aplicado, vol. 7: direito coletivo do trabalho.*** Pág. 143.

[92] *In:* ***Negociação coletiva e contrato individual de trabalho***. Pág. 134.

Capítulo 2

FUNDAMENTOS DE VALIDADE DAS NORMAS JURÍDICAS TRABALHISTAS NEGOCIADAS COLETIVAMENTE

O presente capítulo tem por objetivo desenvolver uma abordagem teórica dos fundamentos de validade das normas jurídicas trabalhistas negociadas coletivamente no âmbito do ordenamento jurídico brasileiro. Estudo teórico de importância para o desenvolvimento do objeto nuclear desse livro jurídico.

Por isso, o primeiro passo é o estudo dos aspetos gerais da negociação coletiva de trabalho (neste Capítulo 2), depois da teoria "*kelseniana*" sobre os fundamentos de validade das normas jurídicas em geral (2.1.) e, na sequência, analisar-se-á os principais aspectos da teoria dos fundamentos de validade na perspectiva das normas jurídicas trabalhistas negociadas coletivamente (2.2.), nos limites do sistema jurídico brasileiro.

Trata-se de uma imersão teórica na questão envolvendo a estrutura das normas jurídicas firmadas em negociação coletiva de trabalho.

As normas jurídicas trabalhistas negociadas coletivamente emanam da autonomia da vontade das partes, de um lado a entidade sindical representante de um grupo determinado de trabalhadores e de outro lado a entidade sindical representante de um grupo de patrões, sendo que, terão eficácia *"erga omnes"*, existindo a possibilidade de que as normas jurídicas trabalhistas negociadas coletivamente tenham apenas eficácia *"inter partes"* quando advenham da conjunção da vontade autônoma da empresa em acordo coletivo firmado com a entidade sindical representante de um grupo de trabalhadores.

É certo que, o sistema jurídico que regulamenta as relações de trabalho no Brasil encontra uma imensa gama de normas jurídicas de caráter cogente, cujo conteúdo é inegociável, porém, nos dias atuais forte corrente doutrinária procura levar a regulamentação das relações de trabalho para o campo negocial, com o afastamento da suposta dominadora intervenção estatal na regulamentação das relações de trabalho, advogando que as normas jurídicas trabalhistas de natureza cogente passem a ter um caráter dispositivo.

Outrossim, da mesma forma como nos dias atuais se trava intensa batalha doutrinária e jurisprudencial sobre a extensão da força negocial das entidades sindicais, no que concerne aos limites rígidos impostos pela legislação à autonomia da vontade das partes, em outra época a batalha concernia à discussão sobre a natureza jurídica das regras inseridas nos instrumentos oriundos de negociações coletivas trabalhistas, que para alguns seriam verdadeiras normas jurídicas e para outros seriam meras cláusulas contratuais, porém tem-se por pacificada a discussão nos dias atuais predominando o seguinte entendimento na doutrina e na jurisprudência, com respaldo no disposto legalmente no art. 613 da CLT, vejamos:

> "As cláusulas normativas são a essência das normas coletivas, o que habilita predizer que sem a sua presença não existe norma coletiva, pois o que restaria seria somente um instrumento bilateral entre as partes convenentes, sem efeitos erga omnes em face dos representados. Por essa razão que o art. 613 da CLT, em seu inciso IV, elenca as disposições normativas entre as cláusulas obrigatórias dos acordos e convenções coletivas".[1]

> "Ao dispor que as convenções e os acordos coletivos estipulam condições de trabalho, a CLT indica o seu objeto, que, como se vê, é comum e, por um lado amplo, abrangendo cláusulas obrigacionais e normativas, econômicas ou jurídicas. As condições de trabalho a que se refere a lei são cláusulas normativas, destinadas a produzir efeitos sobre os contratos individuais de trabalho".[2]

Pelo todo o exposto, pode-se observar a predominância da natureza jurídica normativa na maioria das prescrições jurídicas emanadas de negociações coletivas de trabalho (convenções coletivas de trabalho e acordos coletivos de trabalho), restando as cláusulas meramente contratuais ao segundo plano.

Assim, o presente capítulo busca estudar os fundamentos de validade das referidas normas jurídicas que possuem eficácia *"erga omnes"*, nos limites do ordenamento jurídico brasileiro, sendo que, por meio de tais normas jurídicas coletivas serão estabelecidas as alterações emergenciais nos contratos individuais, em vista do risco de demissões coletivas durante crises empresariais.

Vale ressaltar que, as normas jurídicas de trabalho negociadas coletivamente podem estar inseridas em duas modalidades de instrumentos oriundos de negociações coletivas, quais sejam, a convenção coletiva de trabalho ou o acordo coletivo de trabalho, cada qual com as suas próprias peculiaridades, sendo importante tal especificação frente à necessidade de que sejam encontrados os fundamentos de validade das normas jurídicas trabalhistas negociadas coletivamente e firmadas em cada instrumento jurídico mencionado (convenção ou acordo coletivo de trabalho).

As convenções coletivas de trabalho caracterizam-se pela possibilidade de autocomposição entre as partes, pela consensualidade, pela bilateralidade, pela representação sindical de ambas as partes (trabalhadores e patrões), de acordo com o disposto no art. 8º., inciso VI, da CF/1988, pela força normativa das prescrições jurídicas (este o elemento que mais interessa ao presente estudo) *"et cetera"*.

Eis a definição dada ao instrumento de convenção coletiva de trabalho pela Recomendação nº. 91 da OIT, *"in verbis"*:

---

1 SANTOS, Ronaldo Lima dos Santos. ***Teoria das Normas Coletivas.*** Pág. 214.

2 NASCIMENTO, Amauri Mascaro. ***Compêndio de Direito Sindical.*** Pág. 476.

"todo acordo escrito relativo às condições de trabalho e de emprego, celebrado entre um empregador, um grupo de empregadores ou uma ou várias organizações de empregadores, por um lado, e, por outro, uma ou várias organizações representativas de trabalhadores ou, em sua falta, representantes dos trabalhadores interessados, devidamente eleitos e autorizados por este último, de acordo com a legislação nacional."

Vale ressaltar que a definição acima, adotada pela OIT, dá maior amplitude àquela outra definição contida no ordenamento jurídico brasileiro, face à extensão das normas nele em vigor, melhor dizendo, a definição da OIT, acima transcrita, permite a celebração de convenção coletiva de trabalho pelo próprio empregador, ou grupo de empregadores, independentemente de representação sindical, hipótese que em nosso ordenamento é guardada aos chamados acordos coletivos de trabalho, cujas cláusulas, ainda que com força normativa, surtem efeitos apenas para as partes contratantes, restritamente ao grupo de trabalhadores que laboram na organização de trabalho da referida empresa pactuante, ou grupo de empresas que é parte na negociação.

Além do mais, a definição da OIT, contida na Recomendação nº. 91, acima transcrita, admite a celebração de convenção coletiva de trabalho por grupo de representantes eleitos dos trabalhadores, independentemente de participação do sindicato da categoria, sendo que, tal hipótese apresenta muita resistência por parte dos aplicadores e estudiosos do Direito do Trabalho no Brasil, que insistem na manutenção do monopólio sindical, ainda porque há norma prescritiva positivada em nosso ordenamento estabelecendo o monopólio sindical (art. 8º., inc. VI, da CF/88).

Ora, o art. 8º, inciso VI, da CF/1988, estabelece a obrigatoriedade de participação sindical nas negociações coletivas de trabalho, mas, vêm-se admitindo, apesar de alguma oposição por alguns estudiosos de renome, a celebração de acordos coletivos de trabalho em nível de empresa, firmado tão somente pela empresa interessada (ou grupo de empresas), que são os chamados acordos coletivos de trabalho, o que mitiga o monopólio sindical.

O art. 611 da CLT estabelece a obrigatoriedade de participação dos sindicatos representantes das categorias profissional e econômica na negociação coletiva de trabalho, mas, permite seja firmado acordo coletivo de trabalho com a empresa interessada sem a presença do sindicato patronal.

Enfim, prevalece o entendimento de que temos duas formas de formalização da contratação coletiva de trabalho oriunda de negociação, a primeira que tem como requisito a participação obrigatória dos sindicatos representantes das partes interessadas, qual seja, a convenção coletiva de trabalho, e a segunda que dispensa a participação do sindicato representante da parte patronal, considerada como negociação coletiva em nível de empresa, o chamado acordo coletivo de trabalho. Tal distinção faz-se importante porque os fundamentos de validade das normas jurídicas oriundas de convenção coletiva de trabalho propriamente dita não serão necessariamente, na sua completude, os mesmos das normas jurídicas trabalhista negociadas coletivamente e insertas em acordo coletivo de trabalho.

Ou seja, o melhor entendimento é no sentido de que a Constituição Federal de 1988, no art. 8º., inciso VI, ao prescrever a obrigatoriedade de participação sindical nas negociações coletivas de trabalho fez tal exigência apenas em relação a entidade sindical profissional, pois, prevalece a interpretação sistemática dada para a referida norma constitucional dispensando a participação do sindicato patronal, logo, admitindo a constitucionalidade do art. 611 da CLT, em que pese a existência de respeitada doutrina defendo posicionamento contrário.

Além do mais, mostra-se de suma importância deixar aqui consignado que o direito brasileiro adotou a corrente normativista, no que concerne ao tema da natureza jurídica das convenções coletivas e dos acordos coletivos de trabalho, não estando em harmonia com a nossa ordem jurídica as correntes contratual e mista. Nesse sentido são as lições de *Amauri Mascaro Nascimento*, como segue:

> "... o direito brasileiro filia-se à corrente normativista. As convenções coletivas são normas jurídicas. Aproximam-se mais das leis do que dos contratos".[3]

As correntes doutrinárias pós-modernas na seara "*juslaboral*" procuram realçar a importância das convenções coletivas de trabalho e dos acordos coletivos de trabalho, destacando o predomínio da autonomia da vontade das partes na estipulação de normas jurídicas sobre condições de trabalho em detrimento da intervenção estatal, inclusive em acordos coletivos de trabalho.

Tal tendência pós-moderna acompanha as diretrizes conferidas pela Organização Internacional do Trabalho que por meio da Convenção nº. 87 zela pelo princípio da liberdade sindical, e por meio das Convenções nº. 98 e 154 incentiva a negociação coletiva de trabalho.

São estas as palavras de *Amauri Mascaro Nascimento*:

> "A Organização Internacional do Trabalho incentiva a negociação coletiva como forma de composição dos conflitos coletivos de trabalho. Pretende que os próprios interlocutores sociais encontrem o adequado entendimento para as suas divergências, e cheguem a um acordo, fruto do livre debate, sem interferência do Estado".[4]

Com tal inspiração busca-se encontrar os fundamentos de validade das normas jurídicas trabalhistas negociadas coletivamente no presente trabalho.

Inobstante, a Constituição Federal de 1988 de maneira retrógrada estabelece a competência exclusiva dos sindicatos para a celebração de convenções coletivas de trabalho, o chamado monopólio sindical, em dissonância com o entendimento de nossa mais respeitada doutrina e jurisprudência, em que pese existirem respeitados opositores defensores do monopólio sindical nas negociações. Ora, o reconhecimento da natureza normativa dos acordos coletivos esbarra no monopólio sindical, conforme a literalidade da Constituição de 1988.

---

3 *In*: ***Curso de Direito do Trabalho.*** Pág. 1233.

4 *In*: ***Compêndio de direito sindical.*** Pág. 413.

A doutrina e a jurisprudência procuram mitigar o monopólio sindical interpretando sistematicamente a norma constitucional (art. 8º., inciso VI) por meio do disposto no § 1º. do art. 611 da CLT, que confere validade às normas jurídicas trabalhistas negociadas coletivamente no âmbito da empresa, ou de empresas, mesmo que sem a presença do sindicato patronal (da categoria econômica).

Essa posição mitigadora do monopólio sindical encontra respaldo na finalidade das negociações coletivas de trabalho, qual seja, a superação da máxima generalização das normas jurídicas estatais em benefício do atendimento às peculiaridades de cada empresa ou grupo de empresas.

Eis as razões que servem de suporte aos propósitos do presente livro jurídico, pois, a busca de soluções negociadas em momentos de crises empresariais encontra melhor sorte nos próprios locais de trabalho, sendo mais eficientes para tal propósito os acordos coletivos de trabalho do que se firmadas de maneira genérica no âmbito de toda a categoria profissional.

Na verdade, se o que se quer é buscar soluções para uma crise envolvendo uma empresa específica, pouco sentido faz a celebração de convenções coletivas de trabalho no âmbito de toda a categoria de trabalhadores, daí ser necessária a refutação neste trabalho, com o devido respeito, de toda e qualquer tese defensora do monopólio sindical nas negociações coletivas laborais.

Ora, o art. 8º., inc. VI, da CF/1988, prescreve a obrigatoriedade de participação das entidades sindicais nas negociações coletivas, mas, por outro lado, o art. 7º., inc. XXVI, da CF/1988, prevê o direito à celebração das convenções e dos acordos coletivos de trabalho, assim, por meio de uma interpretação sistemática, a melhor razão é no sentido de admitir-se a elaboração de normas coletivas pelas empresas, exigindo-se apenas a participação do sindicato profissional.

Então, está apresentado o propósito deste capítulo, qual seja, fazer uma imersão teórica nos fundamentos de validade das normas jurídicas trabalhistas negociadas coletivamente, conforme as prescrições contidas em nosso ordenamento, para que se possa revelar a inexistência do monopólio sindical patronal, esta a melhor interpretação a ser dada ao art. 8º., inc. VI, da CF/1988.

2.1 ANÁLISE CRÍTICA DA TEORIA "KELSENIANA" SOBRE OS FUNDAMENTOS DE VALIDADE DAS NORMAS JURÍDICAS EM GERAL

Segundo a teoria de *Hans Kelsen*, o conteúdo das normas jurídicas é elemento irrelevante para a fundamentação de validade, vejamos:

> "A norma jurídica é válida se emanada de autoridade com competência para a editar, ainda que o respectivo comando não se compatibilize com disposições contidas em normas de hierarquia superior".[5]

---

[5] COELHO, Fábio Ulhoa. ***Para Entender Kelsen.*** Pág. 29.

Ou seja, poder-se-á considerar válida uma norma jurídica quando emanada de uma autoridade competente, ainda que o conteúdo da própria norma encontre-se em dissonância com outra norma de escala superior.

A incompatibilidade entre os conteúdos de normas jurídicas, de mesma escala ou em níveis hierárquicos distintos, é problema inerente ao tema das antinomias entre comandos normativos, também estudadas por *Hans Kelsen*.

Além do mais, a questão da validade das normas jurídicas para *Hans Kelsen* exige a existência de um mínimo de eficácia social para que a norma jurídica seja considerada válida.

Fábio Ulhoa Coelho sintetiza as idéias sobre os requisitos necessários para que a norma jurídica seja fundamentadamente válida. Como segue:

> "Em resumo, a validade da norma jurídica está condicionada a três pressupostos: a) competência da autoridade que a editou, derivada da norma hipotética fundamental; b) mínimo de eficácia, sendo irrelevante a sua inobservância episódica ou temporária; c) eficácia global da ordem de que é componente".[6]

Com relação ao problema da antinomia entre normas, *Kelsen* sustenta o entendimento de que se trata de hipótese criadora de uma situação social indesejável e não de hipótese inerente ao problema da validade.

Vejamos:

> "Uma norma pode valer e ser violada; somente uma norma válida pode ser infringida; e uma norma vale precisamente para o caso de sua violação. Um conflito de normas, ou seja, a validade de duas normas, das quais uma estatui como devida uma determinada conduta ao passo que a outra determina a omissão dessa conduta é possível, mas produz uma situação social indesejável".[7]

Ferraz Junior estuda com proficiência a teoria das normas de *Kelsen* e para tanto aponta a existência de árduos críticos à referida teoria *kelseniana*, utilizada no presente estudo, entre os quais destaca-se *Alf Ross*, sendo que, a principal crítica feita por *Ross* à teoria de *Kelsen* é quanto ao excesso de formalismo.

Ilustrativamente, faz-se importante transcrever conclusão extraída por *Ferraz Junior* dos ensinamentos de *Kelsen* frente às críticas ao mesmo. Vejamos:

> "A posição kelseniana revela, porém, um interessante aspecto da validade. Não é possível dizer, tomando-se isoladamente uma norma, se ela é ou não válida. Se validade é conceito relacional, ela só pode ser identificada num contexto de normas denominado ordenamento".[8]

---

6 *Idem*. Pág. 33.

7 *In*: ***Normas Jurídicas e Análise Lógica (correspondência trocada entre os Srs. Hans Kelsen e Ulrich Klug; traduzida por Paulo Bonavides)***. Pág. 45.

8 *In*: ***Introdução ao Estudo do Direito***. Pág. 152.

Então, de acordo com as razões expostas, temos que, a teoria *kelseniana* sobre a validade das normas jurídicas centra-se em uma análise puramente formal da inserção das normas jurídicas à estrutura do ordenamento jurídico, ainda que *Kelsen* admita a necessidade de um mínimo de eficácia social.

Kelsen parte da criação de uma norma hipotética fundamental, sem conteúdo e com importância meramente hierárquica, a partir da qual nasce o fundamento de validade das demais normas jurídicas existentes no ordenamento.

Nessa linha de raciocínio, as normas para que tenham validade devem encontrar consonância com a norma jurídica hierarquicamente superior, que confere competência a que certa e determinada autoridade edite uma norma jurídica válida.

Eis as lições de *Kelsen*, como segue:

> "Uma norma jurídica não vale porque tem um determinado conteúdo, quer dizer, porque o seu conteúdo pode ser deduzido pela vida de um raciocínio lógico do de uma norma fundamental pressuposta, mas porque é criada por uma norma determinada – em última análise, por uma forma fixada por uma norma fundamental pressuposta. Por isso, e somente por isso, pertence ela à ordem jurídica cujas normas são criadas de conformidade com esta norma fundamental. Por isso, todo e qualquer conteúdo pode ser direito. Não há qualquer conduta humana que, como tal, por força do seu conteúdo, esteja excluída de ser conteúdo de uma norma jurídica. A validade desta não pode ser negada pelo fato de o seu conteúdo contrariar o de uma outra norma que não pertença à ordem jurídica cuja norma fundamental é o fundamento de validade da norma em questão. A norma fundamental de uma ordem jurídica não é uma norma material que, por o seu conteúdo ser havido como imediatamente evidente, seja pressuposta como a norma mais elevada da qual possam ser deduzidas – como o particular do geral – normas de conduta humana através de uma operação lógica".[9]

Ora, o problema da validade das normas é formal, abstraindo-se o aspecto material para encontrar a validade de uma norma em uma outra norma superior que confira competência à autoridade que venha a editar a referida norma.

Porém, pela teoria "*kelseniana*", as normas jurídicas em geral, para que tenham validade, além de encontrarem consonância com outras normas jurídicas de escala superior, devem ter um mínimo de eficácia social, ainda que em certo momento percam eficácia social transitoriamente ou temporariamente.

Por fim, além dos dois pressupostos acima referidos, quais sejam, a consonância com outra norma de escala superior e um mínimo de eficácia social, outro pressuposto necessário para a validade de uma norma jurídica é que a ordem jurídica na qual esteja inserida seja globalmente eficaz, juridicamente e socialmente.

---

9 *In:* ***Teoria Pura do Direito***. Pág. 221.

2.2 OS FUNDAMENTOS DE VALIDADE DAS NORMAS JURÍDICAS TRABALHISTAS COLETIVAS NO ORDENAMENTO JURÍDICO BRASILEIRO

De acordo com o pensamento de *Kelsen*, a norma maior que confere validade a todas as demais normas inseridas no ordenamento, inclusive às normas jurídicas trabalhistas negociadas coletivamente, é a norma hipotética fundamental.

Eis as lições de *Ulhoa Coelho* sobre a norma hipotética fundamental:

> "A ciência do direito, para descrever o seu objeto, deve indagar sobre o fundamento de validade das normas integrantes da ordem jurídica em estudo. Ao indagar, contudo, sobre a validade da Constituição – a norma jurídica de que decorre a validade das demais -, ela deve forçosamente pressupor a existência de uma norma fundamental, que imponha a observância da mesma Constituição e das normas jurídicas por ela fundamentadas. Ainda que inconscientemente, todo o cientista do direito formula essa pressuposição ao se debruçar sobre o seu objeto de conhecimento. A norma fundamental, portanto, não é positiva, mas hipotética e prescreve a obediência aos editores da primeira constituição histórica.
>
> (...)
>
> Para nos valermos da expressão de Kelsen, a primeira constituição histórica deriva de revolução na ordem jurídica, tendo em vista que não encontra suporte nessa ordem, mas inaugura uma nova".[10]

Então, sabido que a norma hipotética fundamental serve como fundamento primeiro de validade das normas jurídicas trabalhistas negociadas coletivamente, ato contínuo, devemos observar as normas jurídicas constitucionais que conferem validade às referidas normas trabalhistas negociadas coletivamente.

O art. 8º., inciso VI, da CF/1988, preceitua que: *"é obrigatória a participação dos sindicatos nas negociações coletivas de trabalho"*.

Ainda, o art. 7º., inciso XXVI, da CF/1988, serve como fundamento de validade das normas jurídicas trabalhistas negociadas coletivamente, conforme o seguinte preceito: *"reconhecimento das convenções e acordos coletivos de trabalho"*.

No art. 8º., da CF/1988, já referido, em seu inciso III, encontramos o seguinte preceito de validade: *"ao sindicato cabe a defesa dos direitos e interesses individuais da categoria"*.

Também o art. 114, nos §§ 1º. e 2º., da CF/1988, serve como fundamento de validade para as convenções e acordos coletivos de trabalho.

Apresentadas as normas jurídicas constitucionais que servem de fundamento de validade das normas jurídicas trabalhistas negociadas coletivamente, de acordo com a escala hierárquica das normas jurídicas, em conformidade com a teoria *kelseniana*, faz-se importante apresentar os fundamentos de validade existentes na legislação infraconstitucional.

---

[10] *In*: ***Para Entender Kelsen.*** Págs. 12 e 15.

Assim, a Consolidação das Leis Trabalhistas tem em seu corpo as seguintes normas jurídicas que servem de fundamento de validade das normas jurídicas trabalhistas negociadas coletivamente. Senão, vejamos.

O art. 611, §§ 1º. e 2º., da CLT, serve como fundamento de validade no âmbito infraconstitucional, sendo que, os parágrafos abrem exceções ao monopólio sindical, abertura que não foi dada pelo art. 8º., inc. VI, CF/1988. Eis o teor das referidas normas infraconstitucionais, "*in verbis*":

> "Art. 611. Convenção Coletiva de Trabalho é o acordo de caráter normativo, pelo qual dois ou mais Sindicatos representativos de categorias econômicas e profissionais estipulam condições de trabalho aplicáveis, no âmbito das respectivas representações, às relações individuais de trabalho.
>
> §1º. É facultado aos sindicatos representativos de categorias profissionais celebrar acordos coletivos com uma ou mais empresas da correspondente categoria econômica, que estipulem condições de trabalho, aplicáveis no âmbito da empresa ou das acordantes respectivas relações de trabalho.
>
> §2º. As Federações e, na falta desta as confederações representativas de categorias econômicas ou profissionais poderão celebrar convenções coletivas de trabalho para reger as relações das categorias a elas vinculadas, inorganizadas em sindicatos, no âmbito de suas representações."

O "*caput*" do dispositivo acima segue a regra das normas jurídicas constitucionais que fundamentam a validade das normas jurídicas trabalhistas negociadas coletivamente, conferindo competência aos sindicatos das categorias profissionais e econômicas para que celebrem convenções coletivas de trabalho.

O § 2º. do art. 611 da CLT, acima referido, estabelece uma exceção à regra de que a competência para celebrar convenções coletivas de trabalho é exclusivamente dos sindicatos das categorias profissional e econômica, porém, sem subtrair a coerência do sistema.

Confere a competência subsidiariamente às demais entidades pertencentes à estrutura sindical, consideradas como de nível superior (Federações e Confederações), porém tal abertura somente se faz quando a categoria representada for considerada inorganizada na sua base.

Logo, aparentemente, inexiste qualquer problemática a respeito da referida previsão infraconstitucional.

A discussão ganha relevância ao se observar a competência para celebrar acordos coletivos de trabalho prevista no § 1º., do art. 611, da CLT, pois, a referida norma permite uma abertura no sistema, gerando até mesmo incoerência com as previsões constitucionais, ao conferir competência às empresas ou grupo de empresas para a edição de normas jurídicas trabalhistas negociadas coletivamente com eficácia jurídica apenas aos representados da categoria profissional que sejam trabalhadores na empresas ou empresas parte da negociação.

Segue a transcrição de alguns comentários sobre a possibilidade de que sejam celebrados acordos coletivos de trabalho, no âmbito de interesses específicos de trabalhadores de uma ou várias empresas, cuja competência não é exclusivamente do sindicato da categoria econômica, apesar de permanecer a exclusividade do sindicato da categoria profissional:

> "Aos sindicatos é reconhecido o direito de celebrar acordos coletivos, com uma ou mais empresas, cuja obrigatoriedade de cumprimento é a mesma da convenção. (...) Os acordos cuidam de questões de interesse específico de certa parcela da categoria, que pode ser um ou mais setores de uma empresa, ou uma ou mais empresas".[11]

Realmente, a discussão existe na doutrina e na jurisprudência, sendo que, muitos entendem pela não recepção do dispositivo infraconstitucional acima mencionado, porém, tal não é o entendimento majoritário.

O monopólio sindical encontra fundamento de validade em nosso sistema jurídico para a edição de normas jurídicas trabalhistas negociadas coletivamente no âmbito de toda a categoria profissional e econômica, por meio de convenções coletivas de trabalho.

Existe questionamento sobre a validade da norma infraconstitucional (art. 611, §1º., da CLT) que confere validade a uma ou várias empresas para a negociação de normas jurídicas trabalhistas celebradas por meio de acordos coletivos de trabalho, sem a representação do sindicato patronal.

Certo é que nos dias atuais, em pese a incoerência no sistema do reconhecimento da validade das normas jurídicas celebradas por meio de acordo coletivo de trabalho, o que levaria ao entendimento da não recepção do art. 611, §1º., da CLT, pela CF/1988, prevalece o entendimento de que inexiste o monopólio sindical no âmbito patronal com relação à legitimidade das empresas ou grupo de empresas para a edição de normas coletivas trabalhistas, tendo mirado a regra do art. 8º., inc. VI, da CF/1988, apenas os sindicatos de trabalhadores.

Assim, deve ser afastada uma interpretação literal do art. 8º., inciso VI, da CF/1988, para que atendendo-se à necessidade da aproximação das relações sindicais com os locais de trabalho seja reconhecida a validade das normas jurídicas coletivas trabalhistas celebradas por meio de acordos coletivos de trabalho.

Dessa maneira, conforme entendimento majoritário na doutrina e jurisprudência, com devido respeito aos que divergem, resta afastado o entendimento da não recepção do art. 611, §1º., da CLT, dando-se um interpretação sistemática ao art. 8º., inciso VI, Constituição Federal de 1988, principalmente em cotejo com o art. 7º., inc. XXVI, da CF/1988, que reconhece os acordos coletivos de trabalho, refutando-se o monopólio sindical patronal. Entendimento que corrobora as razões defendidas no presente livro jurídico.

---

11 MANUS, Pedro Paulo Teixeira & ROMAR, Carla Teresa Martins. ***CLT e Legislação Complementar em Vigor.*** Pág. 191.

Capítulo 3

PROTEÇÃO DO DIREITO AO TRABALHO POR MEIO DE CIRCUNSTANCIAL "FLEXIBILIZAÇÃO DOS DIREITOS TRABALHISTAS"

A proposta do presente livro jurídico não visa a precarização das relações de trabalho por meio da flexibilização da proteção normativa aos direitos trabalhistas, ao contrário, o que se pretende é garantir o direito ao trabalho apresentando mecanismos que podem evitar a despedida coletiva de trabalhadores (despedida em massa).

Certamente, o ordenamento jurídico brasileiro permite a redução temporária de alguns direitos trabalhistas como medida de proteção ao emprego e não para permitir a precarização dos direitos trabalhistas.

Alice Monteiro de Barros [1], com sabedoria, leciona que a flexibilização, ora qualificada de circunstancial, representa um novo modelo de regulamentação normativa que permite a *"adaptação das normas trabalhistas às grandes modificações verificadas no mercado de trabalho"*, sendo respeitados os limites mínimos previstos na Constituição Federal de 1988 e nos Tratados Internacionais (principalmente, as Convenções da OIT).

Assim, segue a transcrição das referidas lições:

> "sugere-se uma 'regulamentação laboral de novo tipo', a qual pressupõe a substituição das garantias legais pelas garantias convencionais (flexibilização autônoma), com a primazia da negociação coletiva. Situa-se aqui a hipótese de redução salarial prevista na Constituição de 1988 (art. 7º., VI), mediante convenção ou acordo coletivo, como também de majoração de jornada de seis horas para turnos ininterruptos de revezamento, sempre mediante negociação coletiva (art. 7º. XIV). A flexibilização traduz aqui uma forma de adaptação das normas trabalhistas às grandes modificações verificadas no mercado de trabalho. Até nessa hipótese de flexibilização, os limites mínimos previstos nos diplomas constitucionais e internacionais devem ser respeitados, mesmo porque os direitos trabalhistas integram o rol dos direitos fundamentais na Constituição de 1988". [2]

Não foi sem razão que o legislador constituinte permitiu a redução de jornada, de salário e a compensação de horário de trabalho. Justamente, quis o legislador

---

1 *In:* ***Curso de Direito do Trabalho.*** Págs. 87 e 88.

2 *Idem.* Págs. 87 e 88.

constituinte permitir a flexibilização, ora qualificada como circunstancial, olhando para os momentos de dificuldades na manutenção dos empregos.

Tem o mesmo entendimento *Pedro Paulo Teixeira Manus*, ao ratificar que a redução ou supressão de direitos trabalhistas, na forma admitida pela Constituição Federal de 1988, requer uma compensação aos trabalhadores, eis que frente a proposta do presente trabalho acadêmico a referida contrapartida vem por meio da preservação da saúde financeira da empresa e da manutenção dos empregos daqueles que seriam despedidos em massa, vejamos:

> "E a nosso ver não permite o legislador constitucional, ainda que por instrumento coletivo, simples redução ou supressão de garantia constitucional ou legal, mas negociação que altere certo benefício em troca de outra vantagem, ou retire certo direito em favor de outra garantia compensatória".[3]

Não há que se falar na existência de prejuízo aos trabalhadores por eventual redução de jornada, ainda que acompanhada da proporcional redução de salários, pois, conforme ensina *Irany Ferrari*[4] *"as 24 horas do dia e da noite foram subdivididas em 8 horas para o trabalho, 8 horas para o descanso e 8 horas para o lazer"*, ora, a redução do tempo de trabalho beneficia o bem-estar do trabalhador que terá mais tempo para descanso e lazer, logo, a proposta do presente trabalho acadêmico de flexibilização circunstancial dos direitos trabalhistas é uma proposta benéfica aos trabalhadores na medida em que evita o desemprego (a demissão coletiva de trabalhadores) e permite uma melhor qualidade de vida com a diminuição do tempo de trabalho e com o aumento do tempo de lazer e de descanso.

3.1 COMPREENSÃO DO DIREITO AO TRABALHO NA ORDEM JURÍDICA BRASILEIRA

Irany Ferrari[5] ensina que o direito ao livro jurídico decorre do direito à vida, sendo o direito à vida protegido constitucionalmente (art. 5º., *"caput"*, da CF/1988) o que por conseguinte leva à proteção do direito ao trabalho; ora, para *Irany Ferrari* se não houver garantia de trabalho a todos os seres humanos como meio necessário de sobrevivência estar-se-á negando o próprio direito à vida.

As razões do presente trabalho não estão em desconformidade com a compreensão que se tem de direito ao trabalho. A flexibilização circunstancial de direitos trabalhistas em momentos de crises empresariais, por meio de negociação coletiva, busca evitar a despedida coletiva, logo, garante o direito à vida e à sobrevivência ao garantir o emprego de um número significativo de pessoas.

---

[3] *In:* ***Direito do Trabalho.*** Pág. 130.

[4] *In*: FERRARI, Irany; NASCIMENTO, Amauri Mascaro Nascimento & MARTINS FILHO, Ives Gandra da Silva. ***História do Trabalho, do Direito do Trabalho e da Justiça do Trabalho.*** Págs. 64 e 65.

[5] *Idem.* Págs. 64 e 65.

Amauri Mascaro Nascimento[6] corrobora com o entendimento ora exposto, pois, afirma que um dos maiores dilemas da sociedade atual é a busca de meios que possam *"reduzir o desemprego e a exclusão social"*. Eis as lições:

> "O direito ao trabalho é um direito fundamental. Mas o emprego está escasso. Como avaliar a situação atual? Lembrar o significado do emprego e o que a perda do emprego pode causar na vida de uma pessoa e da sua família, fonte que é da subsistência de um chefe de família, de sua mulher e dos seus filhos, não basta.
>
> Um dos maiores problemas da sociedade contemporânea é encontrar os caminhos que permitam reduzir o desemprego e a exclusão social".[7]

Ora, por certo, nos termos do texto acima transcrito, é preciso a compreensão do direito ao trabalho no contexto da Crise do Estado do Bem Estar Social (*"Walfare State"*).

O Estado do Bem Estar Social pode ser assim entendido: *"Na seara trabalhista, por meio do contrato de emprego, o Walfare State permite um sistema de garantias ao trabalhador, servindo de valioso instrumento para a concretização dos ideais de Bem-Estar Social, permitindo a melhoria das condições de prestação do trabalho"*.[8]

Dessa forma, analisando-se as transformações históricas do Direito do Trabalho, o nascimento com a Revolução Industrial até os dias atuais, a melhor compreensão a se ter é de que o direito ao trabalho, como direito fundamental, algumas décadas atrás seria a garantia pelo Estado de direitos trabalhistas mínimos e suficiente número de postos de trabalho para atender as necessidades de sobrevivência da população, porém, nos dias atuais, o direito ao trabalho é marcado por políticas que visam evitar o desemprego.

O liame entre Estado do Bem Estar Social e capitalismo pode ser explicado *"pela lógica de que a renda dos trabalhadores, garantida pelo pleno emprego, gera verdadeira demanda de consumo, criando um efeito estimulante nas economias que atravessavam recessão após a crise de 1929"*.[9]

Então, o *"Walfare State"* sustentava-se no aumento de renda dos trabalhadores para a sustentação da economia, ou seja, a garantia de emprego e o aumento dos direitos trabalhistas estavam na lógica do sistema político-econômico.

A Crise do Estado do Bem Estar Social, fenômeno nascente nos anos 60 do século XX, não permite mais a utilização da lógica que levou a conquista de muitos dos direitos trabalhistas existentes nos dias de hoje. Não que se advogue a retirada dos direitos trabalhistas historicamente conquistados pela classe trabalhadora; ora, na

---

6 *In:* ***Curso de Direito do Trabalho.*** Pág. 497.

7 *Idem.* Pág. 497.

8 TEODORO, Maria Cecília Máximo. ***O princípio da adequação setorial negociada no direito do trabalho.*** Págs. 40 e 41.

9 *Idem.* Pág. 40.

verdade, o contexto atual direciona a proteção do direito ao trabalho à implementação de políticas de manutenção de postos de trabalho.

Eis a proposta do presente livro jurídico, qual seja, a manutenção de postos de trabalho, nos momentos de crises econômicas empresariais, pela flexibilização circunstancial de direitos trabalhistas.

Portanto, a compreensão a se ter do direito ao trabalho no ordenamento jurídico brasileiro atual se distancia, e muito, de qualquer discurso defensor da intervenção máxima do Estado nas relações de trabalho, por outro lado, aproxima-se da ideia de que a negociação coletiva de trabalho é meio eficaz de manutenção do emprego em momentos de crises empresariais.

3.2 A SISTEMÁTICA DE PROTEÇÃO AOS DIREITOS TRABALHISTAS NO BRASIL

O sistema de proteção aos direitos trabalhistas no Brasil é o legislado, prevalecendo sobre a contratação negociada de qualquer direito e obrigação; na verdade, o Estado intervém nas relações de trabalho buscando proteger o hipossuficiente, o trabalhador frente ao empregador.

Em poucas palavras *Pedro Paulo Teixeira Manus* e *Carla Romar* discorrem sobre a sistemática da hierarquia das normas protetivas ao trabalhador e regulamentadoras das relações de trabalho no Brasil, vejamos:

> "Aplica-se aqui a hierarquia das fontes de direito do trabalho, de tal forma que o contrato individual de trabalho subordina-se ao regulamento da empresa; este, ao acordo coletivo de trabalho; este, à convenção coletiva de trabalho ou à sentença normativa da categoria; esta, à lei ordinária; esta, à lei complementar e esta, por fim, à norma constitucional. As alterações válidas limitam-se às condições mais benéficas ao empregado, ou a tratamento diverso diante das peculiaridades do trabalho, sob inspiração do art. 7º. da CF".[10]

Alice Monteiro de Barros [11], inspirada nas lições de *Salvatore Hernandez*, expõe com precisão que a sistemática jurídico-trabalhista brasileira está centralizada na proteção ao trabalhador, assim, existe um conjunto de normas jurídicas protetivas do trabalhador, subordinado ao poder diretivo do empregador reconhecido juridicamente, não sendo apenas um poder de fato e sim de direito.

Na mesma linha de raciocínio, ilustrativas são as lições de *Monteiro de Barros* sobre a proteção jurídica do trabalhador subordinado ao empregador na sistemática jurídico-trabalhista brasileira, com sustentação do princípio protetor:

> "O princípio da proteção é consubstanciado na norma e na condição mais favorável, cujo fundamento se subsume à essência do Direito do Trabalho. Seu propósito

---

10 *In:* ***CLT e Legislação Complementar em Vigor.*** Pág. 143.

11 *In:* ***Curso de Direito do Trabalho.*** Pág. 181.

consiste em tentar corrigir desigualdades, criando uma superioridade jurídica em favor do empregado, diante da sua condição de hipossuficiente".[12]

Cristiano Carrilho ensina que: *"A raiz da palavra sistema deriva do grego synhistanai (colocar junto). Entender as coisas sistematicamente é o mesmo que estabelecer relações entre elas"* [13]. Assim, o mesmo *Carrilho* [14] afirma que o sistema no Direito exerce a função de aplicá-lo, é preciso a reunião e ligação coerente entre as normas jurídicas, princípios, institutos e instituições existentes em determinado ordenamento para que o Direito daquela soberania tenha aplicação.

Ora, a sistemática jurídico-trabalhista é protetiva ao empregado, então, o conjunto de normas jurídicas, princípios, institutos e instituições têm por finalidade a busca da igualdade na relação entre empregados e empregadores diante da hipossuficiência do segundo frente ao primeiro.

O Estado cria normas jurídicas protetivas ao empregado frente ao empregador e interfere nas relações de trabalho. Eventuais condições de trabalho negociadas coletivamente devem atender aos limites estabelecidos por este sistema jurídico protetivo, sob pena de nulidade absoluta.

Sob tal perspectiva pode-se afirmar que o maior desafio da negociação coletiva de trabalho nos dias atuais é justamente a forte intervenção estatal nas relações de trabalho, o que se justificava em outras épocas e nos dias atuais deve ganhar novas dimensões.

A proposta apresentada no presente livro jurídico encontra espaço em nosso sistema jurídico-trabalhista protetor pátrio, pois, a própria CF/1988 admite a redução de jornada de trabalho, a temporária redução salarial, a compensação de horas trabalhadas e outras medidas emergenciais, por meio de negociação coletiva, cuja contrapartida aos trabalhadores seja a manutenção de postos de trabalho.

A negociação coletiva serve para aumentar o rol de direitos trabalhistas ou para transacionar direitos trabalhistas relativamente irrenunciáveis.[15]

Logo, inexiste incoerência entre a proposta e o sistema, sendo que, a negociação coletiva é mecanismo adequado para solução de crises empresariais.

3.3 A DEFINIÇÃO DE "FLEXIBILIZAÇÃO DOS DIREITOS TRABALHISTAS"

Alice Monteiro de Barros [16] leciona que a flexibilização dos direitos trabalhistas assume diversos significados conforme o sistema jurídico ao qual se olhe. Assim, prossegue classificando a flexibilização trabalhista em interna, aquela que diz

---

12 *Idem.* Pág. 181.

13 *In:* ***Manual de história dos sistemas jurídicos.*** Pág. 07.

14 *Idem.* Págs. 08 e 09.

15 TEODORO, Maria Cecília Máximo. ***O princípio da adequação setorial negociada no direito do trabalho.*** Págs. 98 e 99.

16 *In:* ***Curso de Direito do Trabalho.*** Pág. 85.

respeito à ordenação das relações de trabalho dentro da empresa, e externa, que corresponde ao ingresso do trabalhador na empresa (formas de contratação e de regulamentação das relações de trabalho).

Por certo a flexibilização circunstancial dos direitos trabalhistas em momentos de crises empresariais corresponde à flexibilização interna, ou seja, às adaptações necessárias aos contratos individuais de trabalho buscando a superação de problemas trabalhistas decorrentes de crises empresariais e a manutenção de postos de trabalho, evitando-se a temida despedida coletiva de trabalhadores.

Ainda, a mesma doutrinadora acima[17] alerta para que a flexibilização dos direitos trabalhistas poderia ser entendida como uma reforma na sistemática jurídico-trabalhista protetiva ao trabalhador buscando fazer prevalecer o negociado sobre o legislado, o que seria a chamada *"desregulamentação normativa"*.

Vale ressaltar que, a flexibilização circunstancial dos direitos trabalhistas, na maneira proposta no presente livro jurídico, não requer a *"desregulamentação normativa"*, pois o próprio sistema jurídico brasileiro apresenta as possibilidades de negociação coletiva redutiva de direitos trabalhistas temporariamente, dando-se como contrapartida a manutenção dos empregos.

Eis as palavras de *Alice Monteiro de Barros* acerca da possibilidade de flexibilização circunstancial dos direitos trabalhistas, vejamos:

> "A flexibilização traduz aqui uma forma de adaptação das normas trabalhistas às grandes modificações verificadas no mercado de trabalho. Até nessa hipótese de flexibilização, os limites mínimos previstos nos diplomas constitucionais e internacionais devem ser respeitados, mesmo porque os direitos trabalhistas integram o rol dos direitos fundamentais na Constituição de 1988".[18]

Por sua vez, *Pedro Paulo Teixeira Manus* apresenta as seguintes lições sobre a flexibilização trabalhista, como segue:

> "(...) significa a postura do legislador de permitir que as relações entre empregado e empregador possam ser equacionadas de forma diversa do contrato de trabalho, bem como significa que os problemas oriundos do contrato de trabalho possam ensejar soluções diversas das regras tradicionais da CLT".[19]

Mascaro Nascimento entende que existe uma tendência de flexibilização trabalhista, pois os *"avanços da tecnologia com a informatização de inúmeras atividades, o aumento do desemprego e a internacionalização da economia e da competitividade entre as empresas, criou condições para que se refletissem no Brasil as*

---

17 *Idem.* Pág. 87.

18 *Idem.* Pág. 88.

19 *In:* ***Direito do Trabalho.*** Pág. 129.

tendências de flexibilização do mercado de trabalho e a abertura de portas para a redução da rigidez das leis trabalhistas".[20]

Nei Frederico Cano Martins[21] atribui a flexibilização aos reflexos da globalização, ostentando várias vertentes: econômica, política, social e jurídica.

Se os fatores econômicos do nascimento do Direito do Trabalho foram o surgimento do capitalismo, das grandes indústrias com grande número de trabalhadores e da concentração e centralização do capital e de trabalhadores[22], os fatores econômicos geradores da flexibilização como reflexo da globalização são a Crise do Estado do Bem Estar Social (*"Walfare State"*), a diminuição do número de trabalhadores nas fábricas como decorrência da Revolução Industrial e a descentralização da atividade empresarial com a pulverização da produção industrial.

Se os fatores sociais do nascimento do Direito do Trabalho *"foram a urbanização, levando as cidades a tornarem-se o centro das atividades, bem como a formação de verdadeiros redutos proletários, gerando maior união e organização de seus membros"*[23], os fatores sociais geradores da flexibilização são o aumento do desemprego em razão do aumento do número de recursos tecnológicos, a necessidade crescente de mão-de-obra qualificada em detrimento do trabalho braçal e o enfraquecimento dos sindicatos.

Se os fatores políticos e ideológicos do nascimento do Direito do Trabalho foram o socialismo utópico e o marxismo [24], os fatores políticos e ideológicos geradores da flexibilização são o fim do fascismo e o surgimento do neoliberalismo político-econômico.

A negociação coletiva é o instrumento que permite a adaptação às novas realidades, que torna menos rígido o sistema jurídico-trabalhista para permitir melhor adequação das condições de trabalho às necessidades de cada empresa, sem que isso signifique necessariamente a diminuição dos direitos trabalhistas.

O caminho a ser seguido pelo Direito do Trabalho neste século XXI é certamente aquele que permite o desenvolvimento econômico e a realização da Justiça Social, caminho que somente será percorrido por meio da valorização e adequada utilização das negociações coletivas de trabalho.

Giseli Ângela Tartaro Ho, respaldada pelas lições de *Luiz Carlos Amorim Robortella*, define a flexibilização do Direito do Trabalho como *"o instrumento de política social, caracterizado pela adaptação constante das normas jurídicas à realidade*

---

20 *In*: FERRARI, Irany; NASCIMENTO, Amauri Mascaro Nascimento & MARTINS FILHO, Ives Gandra da Silva. ***História do Trabalho, do Direito do Trabalho e da Justiça do Trabalho.*** Pág. 175.

21 *In:* SILVESTRE, Rita & NASCIMENTO, Amauri Mascaro. ***Os novos paradigmas do Direito do Trabalho – Homenagem a Valentin Carrion.*** Pág. 165.

22 TEODORO, Maria Cecília Máximo. ***O princípio da adequação setorial negociada no direito do trabalho.*** Pág. 19.

23 *Idem.* Pág. 19.

24 *Idem.* Pág. 19.

econômica, social e institucional, mediante intensa participação de trabalhadores e empresários, para eficaz regulação do mercado de trabalho, tendo como objetivos o desenvolvimento econômico e o progresso social".[25]

Enfim, a flexibilização dos direitos trabalhistas é uma realidade a qual não há como se ocultar, na verdade, o importante é sabermos utilizar a flexibilização dos direitos trabalhistas de maneira adequada e não prejudicial aos trabalhadores, a fim de que seja possível a manutenção do equilíbrio na relação jurídica entre capital e trabalho.

3.4 A IMPORTÂNCIA DE CIRCUNSTANCIAL "FLEXIBILIZAÇÃO DOS DIREITOS TRABALHISTAS" PARA A MANUTENÇÃO DE POSTOS DE TRABALHO

Interessante é notar que o Código Civil Brasileiro de 2002, vigente desde 2003, adotou a Teoria da Empresa em substituição à Teoria dos Atos de Comércio, nos termos do art. 966 do diploma civilista atual, *"in verbis"*:

> "Art. 966 do CC/2002. Considera-se empresário quem exerce profissionalmente atividade econômica organizada para a produção ou a circulação de bens ou de serviços."

Assim, pelas lições de *Fran Martins* [26], a Teoria dos Atos de Comércio servia para delimitar a matéria comercial observando se havia ou não a prática dos atos de comércio (elencados no Regulamento nº. 737, de 25/11/1850); agora pela Teoria da Empresa pode ser delimitada a matéria comercial pela verificação da existência ou não do desenvolvimento de atividade econômica organizada.

Tais considerações interdisciplinares são importantes porque as relações coletivas de trabalho desenvolvem-se nas empresas, ou então extrapolando os limites delas e abrangendo trabalhadores de várias empresas (por ex.: questões sindicais), sendo que, não somente desenvolvem-se dentro das empresas como são consideradas perfil da empresa, segundo estudos de *Asquini*[27] e conforme as diretrizes trazidas pela Teoria da Empresa (art. 966 do CC/2002).

Então, há correlação entre a Teoria da Empresa, em vista dos perfis *"asquinianos"* da empresa, e as relações coletivas de trabalho, sendo que, a flexibilização dos direitos trabalhistas e a negociação coletiva como meio de evitar demissões em massa são temas a serem estudados interdisciplinarmente.

O que se quer afirmar é a relevância da aceitação da flexibilização circunstancial dos direitos trabalhistas nas crises empresariais, por meio de negociação coletiva,

---

25 *In:* BRAMANTE, Ivani Contini & CALVO, Adriana. ***Aspectos Polêmicos e Atuais do Direito do Trabalho – Homenagem ao Professor Renato Rua de Almeida.*** Pág. 295.

26 *In:* ***Curso de Direito Comercial.*** Págs. 25, 26, 27, 28, 29 e 77.

27 *In:* ***Perfis da Empresa.*** Tradução de Fábio Konder Comparato. Revista de Direito Mercantil, Industrial, Econômico e Financeiro, São Paulo: RT, v. 35, n. 104, p.109-126, out./dez. 1996.

não como mecanismo de precarização das relações de trabalho e sim como forma de impulsionar as atividades empresariais na sociedade atual, daí a adoção da Teoria da Empresa pelo Código Civil, sendo as relações de trabalho um perfil indissociável da atividade empresarial, eis que se invoca o princípio da preservação da empresa nas crises empresariais.[28]

Renato Rua de Almeida[29], com pioneirismo no direito brasileiro, já havia se atentado para a necessidade de tal estudo interdisciplinar, vejamos:

> "(...) a teoria da empresa adotada pelo Código Civil de 2002 contribuirá certamente para que a regulação de emprego seja centrada na realidade da empresa, tendo em vista sua maior efetividade (...)."

Ora, pelas lições do referido professor, certamente a flexibilização circunstancial dos direitos trabalhistas nas crises empresariais, por meio de negociação coletiva, busca observar a realidade da empresa e se coaduna com a visão a se ter das relações coletivas de trabalho pelo perfil *"asquiniano"* da empresa.

Prossegue *Rua de Almeida*[30] ensinando que a atividade econômica empresarial encontra-se entrelaçada em *"quatro fatores de produção: capital, mão de obra, insumos e tecnologia"*; assim, tendo-se em vista que o trabalho (a mão-de-obra) é fator de produção indissociável da atividade econômica empresarial deve-se ter como certo que a empresa deve ter uma função social, como quer a Constituição de 1988 prescrevendo a função social da propriedade (art. 5º., XXIII).

Ora, a função social da empresa é alcançada com o respeito ao dever de negociar coletivamente a fim de que sejam evitadas demissões coletivas de trabalhadores em momentos de crises empresariais, assim, o tema objeto do presente livro jurídico encontra amparo nas lições de *Rua de Almeida.*

Eis as lições do professor da Pontifícia Universidade Católica de São Paulo, acima mencionado, sobre a função social da empresa e a relação interdisciplinar da questão com as relações coletivas de trabalho, vejamos:

> "(...) a atividade econômica organizada na empresa encontra-se articulada em quatro fatores de produção: capital, mão de obra, insumos e tecnologia.
>
> Portanto, é a atividade empresarial, como profissão voltada à atividade econômica organizada para a produção ou circulação de bens ou serviços e não mais como ato de mercancia, que possibilita dizer que a empresa é uma instituição fundamental da ordem econômica.
>
> E é, por essa razão, que a articulação da mão de obra, como fator de produção, deve ser encarada na perspectiva de que a empresa, como propriedade, tem também função social, na medida em que incentivar a participação dos trabalhadores

---

28 MARTINS, Fran. ***Curso de Direito Comercial.*** Pág. 459.

29 *In:* ***A teoria da empresa e a regulação da relação de emprego no contexto da empresa.*** Revista LTr. vol. 69, nº. 05, 573 a 580, 2005.

30 *Idem.*

na gestão, ao lado da função social de produzir ou circular bens ou serviços para o consumo da sociedade".[31]

Vera Helena de Mello Franco reforça as lições de *Rua de Almeida* ao remeter a uma interpretação do princípio da solidariedade social, inserido na Constituição Alemã de *Weimar* de 1919, segundo a qual a função social da propriedade envolve o diálogo entre o poder econômico e os trabalhadores na busca de fins comuns a serem alcançados pela atividade empresarial, como segue:

> "(...) sob a influência do Princípio da Solidariedade Social, introduzido com a Constituição de Weimar de 1919, a idéia de função social corresponde ao dever de empregar os meios de produção no modo mais útil à coletividade. Este 'modo mais útil' significava a função de concorrer para uma melhor distribuição da renda; prover a mais ampla assistência possível às classes menos favorecidas e promover a composição entre os interesses dos detentores do poder econômico e aqueles da classe dos trabalhadores".[32]

Portanto, a flexibilização circunstancial dos direitos trabalhistas buscando a manutenção dos postos de trabalho, por meio de negociação coletiva de trabalho, ao evitar a dispensa coletiva de trabalhadores nos momentos de crises empresariais, atende aos ditames da função social da empresa, das relações coletivas de trabalho como perfil indissociável do desenvolvimento da atividade econômica empresarial, não encontrando obstáculo em nosso ordenamento.

3.5 AS POSSIBILIDADES EXISTENTES NO BRASIL DE "FLEXIBILIZAÇÃO CIRCUNSTANCIAL DOS DIREITOS TRABALHISTAS"

Nos termos do disposto no art. 468 da CLT as alterações nos contratos individuais de trabalho somente serão lícitas se houver mútuo consentimento entre as partes e desde que não haja qualquer prejuízo, direto ou indireto, ao empregado, sob pena de nulidade da cláusula contratual de alteração.

Eis a transcrição do art. 468 da CLT, *"in verbis"*:

> "Art. 468 da CLT. Nos contratos individuais de trabalho só é lícita a alteração das respectivas condições por mútuo consentimento, e ainda assim desde que não resultem, direta ou indiretamente, prejuízos ao empregado, sob pena de nulidade da cláusula infringente desta garantia."

Porém, há que se ressaltar, conforme os ensinamentos de *Pedro Paulo Teixeira Manus* e *Carla Romar*, a diferença existente entre as alterações bilaterais ou unilaterais do contrato individual de trabalho frente as "modificações contratuais decorrentes de negociação coletiva", ora, ensinam que a regra do art. 486 da CLT não é aplicada quando as modificações dos contratos individuais de trabalho decorrerem

---

31 *Idem.*

32 *In: **A função social da empresa.*** Revista do Advogado. Ano XXVIII, nº. 96, março de 2008.

de negociação coletiva, pois as negociações coletivas promovem modificações nos contratos individuais quando os sindicatos das categorias profissional e econômica, em situação de igualdade, firmam convenção coletiva, ou o sindicato profissional e a empresa celebram acordo coletivo de trabalho.[33]

Ensinam *Manus* e *Romar* que a regra do art. 468 da CLT é aplicada para a hipótese quando existe subordinação entre as partes contratantes, empregado e empregador, o que não acontece na negociação coletiva quando as partes pactuantes estão em situação de igualdade jurídica e material.[34]

Então, a regra do art. 468 da CLT não vale para a negociação coletiva, sendo que os limites da negociação coletiva podem ser melhor vislumbrados pelo princípio da adequação setorial negociada, conforme lições de *Godinho Delgado.*

Pois bem, pelo princípio da adequação setorial negociada:

> "(...) são duas as hipóteses possíveis para que a negociação coletiva, por meio da transação, seja válida: as normas autônomas juscoletivas devem implementar um padrão setorial de direitos superior ao padrão geral oriundo da legislação heterônoma aplicável; as normas autônomas juscoletivas podem transacionar setorialmente parcelas justrabalhistas de indisponibilidade apenas relativa – não de indisponibilidade absoluta".[35]

A regra do art. 468 da CLT, não é usada na interpretação dos contratos coletivos de trabalho e sim o princípio da adequação setorial negociada, sendo que, a própria CF/1988 admite hipóteses de flexibilização circunstancial.

Tais hipóteses previstas na CF/1988 são: a redução de salário por negociação coletiva (art. 7º., inciso VI, da CF/1988), a redução de jornada de trabalho por negociação coletiva (art. 7º., inciso XIII, da CF/1988), a compensação de jornada de trabalho e o banco de horas (art. 7º., inciso XIII, da CF/1988), o aumento da jornada de trabalho nos turnos interruptos de revezamento de 6 horas até 8 horas mediante negociação coletiva (art. 7º., inciso XIV, da CF/1988).

Além das possibilidades previstas constitucionalmente, a CLT admite hipóteses de flexibilização circunstancial dos direitos trabalhistas por meio de normas jurídicas compatíveis com a Constituição Federal de 1988.

Eis os direitos possíveis de flexibilização circunstancial: férias coletivas (art. 139, §§2º. e 3º., da CLT), a suspensão do contrato individual de trabalho para aperfeiçoamento profissional (art. 476-A da CLT) *"et cetera"*.

Se não bastasse, o rol exemplificativo das possibilidades de flexibilização circunstancial abrange o Programa de Demissão Voluntária (PDV), que não encontra

---

33 *In:* ***CLT e Legislação Complementar em Vigor.*** Pág. 152.

34 *Idem.* Pág. 152.

35 TEODORO, Maria Cecília Máximo. ***O princípio da adequação setorial negociada no direito do trabalho.*** Pág. 98.

vedação constitucional ou legal, ou ainda, os cortes de benefícios concedidos coletivamente por liberalidade do empregador em negociação coletiva.

Enfim, a flexibilização circunstancial de direitos trabalhistas é uma realidade em nosso país, por isso, segue a análise de algumas possibilidades, tratando-se do rol aqui apresentado como meramente exemplificativo.

3.5.1 Redução de salários

A Constituição Federal de 1988 assegura a irredutibilidade do valor nominal do salário, nos termos do disposto no art. 7º., inciso VI: *"irredutibilidade do salário"*. Todavia, o próprio texto constitucional, no mesmo dispositivo que assegura a irredutibilidade salarial, admite a redução de salários por meio de negociação coletiva de trabalho, *"convenção ou acordo coletivo de trabalho"*.

Pedro Paulo Teixeira Manus e *Carla Romar* ensinam que existe divergência quanto à necessidade de compensação ou não para que seja válida a redução de salários por meio de negociação coletiva de trabalho, *"em todo caso, a redução salarial somente pode ocorrer em situações excepcionais e justificadas"*.[36]

Para os propósitos do presente livro jurídico a divergência apontada por *Manus* e *Romar*, acerca da necessidade ou não de compensação para que seja válida a redução salarial, não apresenta relevância, pois, por certo, a manutenção de postos de trabalho, evitando-se a demissão coletiva, em decorrência de crise empresarial comprovada, é justificativa mais do que suficiente para que seja admitida a juridicidade da redução salarial por meio de negociação coletiva.

Conforme expõe *Homero Batista Mateus da Silva*[37] a redução salarial, ainda que justificada, sempre dará margem às críticas por tratar-se de um ponto extremamente desafiador ao Direito do Trabalho, sendo uma cláusula maléfica aos trabalhadores. Daí a necessidade de que haja respeito ao dever de boa-fé objetiva com a demonstração cabal da crise empresarial e da necessidade de diminuição dos custos, a fim de que seja evitada a dispensa coletiva de trabalhadores, pois, de outra maneira, existindo vício de vontade na celebração da convenção ou acordo coletivo de trabalho a cláusula redutora dos salários será nula.

Pedro Paulo Teixeira Manus[38] sustenta que a redução salarial somente pode ser admitida quando houver *"motivo relevante para tanto"*; ora, a flexibilização circunstancial dos direitos trabalhistas com a redução salarial compensada pela manutenção de postos de trabalho é *"motivo relevante para tanto"*.

O Ministério Público do Trabalho, por ocasião da recente crise econômica que levou à demissão em massa de significativo contingente de trabalhadores em muitas empresas no Brasil e no restante do mundo, por meio da Procuradora-Chefe do Ministério Público do Trabalho da 2ª. Região, *Oksana Maria Dziura Boldo*, *"admitiu*

---

[36] *In:* ***CLT e Legislação Complementar em Vigor.*** Pág. 6.

[37] *In:* ***Curso de direito do trabalho aplicado, vol. 7: direito coletivo do trabalho.*** Pág. 183.

[38] *In:* ***Direito do Trabalho.*** Pág. 284.

que é possível as empresas e trabalhadores negociarem uma redução de salário e da jornada"[39], porém, *"ponderou que a redução de salário deve ser de, no máximo, de três meses"*. Entende ainda o Ministério Público do Trabalho que se mostra necessário *"que o acordo seja aprovado pela maioria dos trabalhadores em assembléia"*.[40]

Além do mais, conforme salienta a Procuradora-Chefe do MPT da 2ª. Região, *Oksana Maria Dziura Boldo* [41], é necessário o respeito ao princípio da proporcionalidade, *"os diretores e gerentes devem sofrer o aperto na mesma proporção dos trabalhadores"*.[42]

Outrossim, conforme entendimento do MPT da 2ª Região[43], durante período de redução salarial as horas extras estão proibidas.

Tais regras defendidas pelo MPT, na pessoa da Procuradora do Trabalho *Oksana Maria Dziura Boldo*[44], encontram respaldo na Lei nº. 4.923/65, conforme manifestação oficial do MPT da 2ª. Região, datada de 03/02/2010.

A dúvida que poderia surgir seria com relação a recepção ou da Lei nº. 4.923/1965, na medida em que a Constituição Federal de 1988, no art. 7º., inciso VI, permitiu a redução salarial por meio de convenção ou acordo coletivo de trabalho. A doutrina e a jurisprudência silenciam quanto a questão.

Mas, ainda que se dê razão aos protestos do MPT e se entenda pela recepção da Lei nº. 4.923/65 pela CF/88, por certo inexiste qualquer empecilho a que seja possível a flexibilização circunstancial trabalhista, em momentos de crises empresariais, buscando evitar a despedida coletiva de trabalhadores.

Enfim, a mais autorizada doutrina respalda as razões do presente livro jurídico e considera a redução salarial uma medida possível de negociação coletiva a fim de se evitar a demissão coletiva de trabalhadores.

3.5.2 Redução de jornada de trabalho

"A priori", é preciso ressaltar que a redução da jornada de trabalho é um pleito constante da classe trabalhadora (de 44 horas para 40 horas semanais).

No direito brasileiro, a regra geral é a limitação da jornada semanal em 44 (quarenta e quatro) horas; acima deste limite haverá trabalho extraordinário.

Alice Monteiro de Barros ensina que a *"Constituição de 1988 manteve a jornada de oito horas, mas reduziu o número de horas semanais de 48 para 44 e ainda majorou o adicional de horas extras para 50%"*.[45]

---

39 Notícia publicada no site www.conjur.com.br na quarta-feira, dia 4 de fevereiro de 2009: ***Para MPT, redução de salário deve durar três meses.***

40 *Idem.*

41 *Idem.*

42 *Idem.*

43 *Idem.*

44 *Idem.*

45 *In:* ***Curso de Direito do Trabalho.*** Pág. 661.

Ora, normas trabalhistas limitativas da duração do trabalho buscam resguardar a integridade física do trabalhador, evitando o "stress" e a fadiga, além de garantirem o exercício do direito fundamental ao lazer, eis as razões para os constantes pleitos por parte dos trabalhadores para a redução da jornada de trabalho; pleito existente nos dias atuais para a redução legal da jornada máxima semanal de 44 (quarenta e quatro) horas para 40 (quarenta) horas semanais.[46]

Então, vê-se que a redução da jornada de trabalho é uma medida benéfica para a classe trabalhadora, podendo se encaixar perfeitamente como hipótese de "flexibilização circunstancial" dos direitos trabalhistas.

Se inexistente norma jurídica de origem estatal permissiva da redução da limitação máxima da jornada de trabalho semanal, nada obsta a que tal mudança nas condições de trabalho seja efetivada por meio de negociação coletiva.

Obviamente que nenhuma vantagem existe para a empresa em crise com a redução da jornada de trabalho semanal, podendo-se pensar serem inúteis as ponderações aqui feitas, porém, a redução da jornada de trabalho semanal por meio de negociação coletiva é medida eficiente tendo-se em vista que a contratação coletiva de condições de trabalho é respaldada em concessões recíprocas.

É possível a redução da jornada semanal buscando a redução da produção da empresa em crise, que sofre queda vendas no mercado, por exemplo, em contrapartida o trabalhador pode anuir com a redução temporária de salários.

A redução de jornada de trabalho como medida de "flexibilização circunstancial" de proteção aos direitos trabalhistas, em momentos de crises empresariais, não pode ser apontada como modificação das condições de trabalho gravosa aos trabalhadores, pelo contrário, a redução de jornada, simplesmente, sem a redução salarial, propicia maior tempo de descanso e lazer aos trabalhadores.

A situação jurídica que poderá ser apresentada na negociação coletiva de trabalho quando da busca de soluções para problemas trabalhistas decorrentes de crises empresariais é a redução de jornada de trabalho como forma de compensação pela necessidade de temporária redução salarial.

A Constituição Federal de 1988, no art. 7º., inciso XIII, contempla a possibilidade de redução da jornada de trabalho por meio de negociação coletiva.

De acordo com as lições de *Amauri Mascaro Nascimento*, a redução de jornada de trabalho apresenta-se como política que permite a oferta de empregos e proporciona a redução do desemprego. Eis a transcrição das referidas lições:

> "Essa redução é apontada como uma tentativa de aumentar a oferta de empregos, que resultaria da necessidade de contratar funcionários para cobrir o tempo reduzido de produção, apresentando-se, assim, como um mecanismo de política de emprego e de ampliação horizontal do mercado de trabalho".[47]

---

46 *Idem*. Págs. 661 e 662.

47 *In:* ***Curso de Direito do Trabalho.*** Pág. 985.

O raciocínio a ser utilizado para a "flexibilização circunstancial" dos direitos trabalhistas, com a redução de jornada de trabalho, é o mesmo daquele acima apresentado nas palavras de *Amauri Mascaro Nascimento*, pois, a redução de jornada de trabalho como compensação pela redução salarial permite a redução dos custos da empresa em crise e a consequente manutenção de um maior número de trabalhadores na ativa, evitando-se, com isso, a temida despedida coletiva.

Mas, certamente, antes de se pensar na redução da jornada de trabalho deve-se, antes, vedar o trabalho em horas extraordinárias.

Irany Ferrari [48] corrobora com as lições de *Amauri Mascaro Nascimento*, sustentando o entendimento de que o cenário do trabalho no mundo atual é do aumento do desemprego, assim, *"o trabalho está se tornando escasso, se o considerarmos no campo do emprego"*, sendo que, resultam soluções a serem adotadas *"para controlar o vazio gerado pelo desemprego, como a redução de jornada de trabalho, não apenas como alguma coisa individual, mas algo coletivamente desejado"*.

Mas, ao se falar em redução da jornada de trabalho não há como se cogitar em redução do intervalo para descanso e refeição.

Vale ressaltar que, a jurisprudência dos Tribunais Trabalhistas é amplamente majoritária no sentido de proibir a redução do intervalo para descanso e refeição por meio de negociação, assim, mostra-se de importância um julgado paradigmático apresentado nos estudos de *Enoque Ribeiro dos Santos*, proferido pela 3ª. Turma do Tribunal Regional do Trabalho da 2ª. Região, como segue:

> "HORAS EXTRAS – Intrajornada – Autorização do Ministério do Trabalho e Emprego. Admite-se a redução do intervalo para refeição e descanso somente através de ato do Ministro do Trabalho, conforme par. 3º. do artigo 71 consolidado. A simples previsão em Acordo Coletivo ou Convenção Coletiva não é suficiente para tanto, já que em prejuízo ao trabalhador, não podendo, desta forma, sobrepor a lei." (TRT 2ª. Reg. RO 20010363607 – Ac. 3ª. T. 20020302139 – Rel. Juiz Décio Sebastião Daidone. DJSP 21.5.02 – p. 09)

Ora, a doutrina e a jurisprudência majoritariamente consideram que o intervalo para descanso e refeição é protegido por norma de higiene, saúde e segurança do trabalho, logo, não pode ser objeto de negociação *"in pejus"*. Tal razão está consagrada na Orientação Jurisprudencial nº. 342 da SDI-1 do TST.

Nosso sistema jurídico admite, excepcionalmente, a redução do intervalo intrajornada (para descanso e refeição) por meio de autorização do Ministério do Trabalho e Emprego e desde que preenchidos os requisitos previstos em Portaria do próprio MTE (oferecimento pela empresa requerente de refeitórios nas condições exigidas e inexistência de labor em horas extras).

Portanto, a proposta que é apresentada no presente livro jurídico refere-se à possibilidade de redução de jornada de trabalho semanal, como medida de

---

48 *In*: FERRARI, Irany; NASCIMENTO, Amauri Mascaro Nascimento & MARTINS FILHO, Ives Gandra da Silva. ***História do Trabalho, do Direito do Trabalho e da Justiça do Trabalho.*** Pág. 64.

compensação pela temporária redução salarial, nas crises econômicas empresariais, sendo inegociável o intervalo para descanso e refeição (Orientação Jurisprudencial nº. 342 da SDI-1 do TST).

3.5.3 Férias coletivas

A concessão de férias coletivas é uma medida razoável que pode servir para evitar a despedida coletiva de trabalhadores.

Segundo as lições de *Alice Monteiro de Barros*, as férias coletivas foram regulamentadas formalmente no Brasil em 1977, *"com o Decreto-Lei n. 1.535, como faculdade concedida ao empregador em face de crise econômica capaz de permitir a suspensão provisória da produção de certas empresas"*.[49]

Ora, tais lições mostram que as férias coletivas surgiram exatamente para que atendam aos propósitos do presente livro jurídico, quais sejam, enfrentar a queda da demanda em momentos de crises empresariais.

Atualmente, as férias coletivas encontram regulamentação na Seção III, do Capítulo IV, do Título II, da CLT, nos arts. 139, 140 e 141.

O art. 139, *"caput"*, da CLT, prescreve que as férias coletivas poderão ser concedidas *"a todos os empregados de uma empresa ou de determinados estabelecimentos ou setores da empresa"*, bastando uma interpretação literal do dispositivo legal sem que remanesçam dúvidas.

O §1º., do art. 139, da CLT, traz prescrição normativa permitindo a concessão de férias coletivas duas vezes por ano, em dois períodos anuais, cada um deles pelo período mínimo de 10 dias.

Então, concedido o período de férias coletivas o mesmo deverá ter no mínimo 10 dias, sendo que, serão no máximo dois períodos de 10 dias no mínimo.

O §2º., do art. 139, da CLT, prescreve que com antecedência mínima de 15 dias a empresa deverá comunicar à Superintendência Regional do Trabalho qual o período de concessão das férias coletivas, início e fim.

O §3º., do art. 139, da CLT, prescreve que no prazo de 15 dias anteriores ao início do período de gozo das férias coletivas o empregador comunicará aos sindicatos representativos da categoria profissional a concessão das férias coletivas.

Para a finalidade do presente trabalho acadêmico, o disposto no §3º. é irrelevante, pois, as férias coletivas são concedidas por negociação coletiva.

Segue a transcrição do disposto no art. 139 e §§ da CLT, *"in verbis"*:

> "Art. 139 da CLT. Poderão ser concedidas férias coletivas a todos os empregados de uma empresa ou de determinados estabelecimentos ou setores da empresa.
>
> §1º. As férias poderão ser gozadas em 2 (dois) períodos anuais desde que nenhum deles seja inferior a 10 (dez) dias corridos.

---

[49] *In: **Curso de Direito do Trabalho.*** Pág. 745.

§2º. Para os fins previstos neste artigo, o empregador comunicará ao órgão local do Ministério do Trabalho, com a antecedência mínima de 15 (dias), as datas de início e fim das férias, precisando quais os estabelecimentos ou setores abrangidos pela medida.

§3º. Em igual prazo, o empregador enviará cópia da aludida comunicação aos sindicatos representativos da respectiva categoria profissional, e providenciará a afixação de aviso nos locais de trabalho".

O art. 140 da CLT dispõe que os empregados contratados a menos de 12 meses gozarão de férias proporcionais, *"in verbis"*:

"Art. 140 da CLT. Os empregados contratados há menos de 12 (doze) meses gozarão, na oportunidade, férias proporcionais, iniciando-se, então, novo período aquisitivo".

Ainda, o art. 141, *"caput"*, da CLT, disciplina que caso seja concedida férias coletivas a mais de 300 trabalhadores deverão ser anotadas as Carteiras de Trabalho e Emprego, *"in verbis"*:

"Art. 141 da CLT. Quando o número de empregados contemplados com as férias coletivas for superior a 300 (trezentos), a empresa poderá promover, mediante carimbo, anotações de que trata o art. 135, §1º".

O §1º., do art. 140, da CLT, dispõe que a anotação das férias coletivas na CTPS dispensa a referência ao período aquisitivo, *"in verbis"*:

"Art. 141 da CLT. (...)

§1º. O carimbo, cujo modelo será aprovado pelo Ministério do Trabalho, dispensará a referência ao período aquisitivo a que correspondem, para cada empregado, as férias concedidas".

De acordo com o §2º., do art. 140, da CLT, o empregador deverá entregar ao empregado recibo do pagamento da remuneração de férias coletivas concedidas, *"in verbis"*:

"Art. 141 da CLT. (...)

§2º. Adotado o procedimento adotado neste artigo, caberá à empresa fornecer ao empregado cópia visada do recibo correspondente à quitação mencionada no parágrafo único do art. 145".

E o art. 141, §3º., da CLT, dispõe que quando da extinção do contrato individual de trabalho o empregador anotará na CTPS do empregado as datas dos períodos aquisitivos da férias gozadas, *"in verbis"*:

"Art. 141 da CLT. (...)

§3º. Quando da cessação do contrato de trabalho, o empregador anotará na Carteira de Trabalho e Previdência Social as datas dos períodos aquisitivos correspondentes às férias coletivas gozadas pelo empregado".

Pelas disposições legais, acima transcritas, vê-se que não existe qualquer óbice a que sejam concedidas férias coletivas por meio de negociação coletiva, em momentos de crises empresariais, para evitar a demissão coletiva.

Repisando as razões já trazidas no presente livro jurídico, em conformidade com as lições de *Alice Monteiro de Barros*[50], nosso ordenamento regulamentou as férias coletivas justamente buscando permitir um mecanismo para que as empresas possam enfrentar momentos de crises, inexistindo qualquer obstáculo legal ou constitucional para os propósitos almejados por este estudo.

3.5.4 Suspensão dos contratos de trabalho

A suspensão do contrato de trabalho é um instituto jurídico-trabalhista que pode ser bem utilizado em momentos de crise econômica empresarial.

Inclusive, a própria CLT cria hipótese adequada a tal situação fática, de caráter econômico, com implicações jurídicas para as relações de trabalho.

Ensina *Amauri Mascaro Nascimento* acerca do referido instituto jurídico-trabalhista: *"A suspensão do trabalho, em nossa lei denominada suspensão ou interrupção do contrato – na verdade suspensão de alguns dos efeitos do contrato durante a inatividade temporária do empregado -, abrange as hipóteses nas quais há a paralisação da atividade do trabalhador".*[51]

Alice Monteiro de Barros cuida de diferenciar os efeitos da suspensão do contrato de trabalho frente à interrupção do contrato de trabalho, assim, enquanto na suspensão *"não há trabalho nem salário, tampouco o afastamento é considerado como tempo de serviço"*, na interrupção *"não há trabalho, mas há salário, e o tempo de afastamento do trabalhador é considerado como de serviço para os efeitos legais".*[52]

O instituto que mais nos interessa no presente livro jurídico é a suspensão do contrato de trabalho, pois, é o instituto jurídico-trabalhista que permitirá enfrentar os problemas financeiros em momentos de crises empresariais.

A CLT incorporou em seu texto uma hipótese de suspensão do contrato de trabalho, a ser regulamentada por meio de convenção ou acordo coletivo de trabalho, que se enquadra bem no objeto do presente livro, nos termos do disposto no art. 476-A da CLT.

Então, o *"caput"* do art. 476-A da CLT assim dispõe:

> "Art. 476-A da CLT. O contrato de trabalho poderá ser suspenso, por um período de dois a cinco meses, para participação do empregado em curso ou programa de qualificação profissional oferecido pelo empregador, com duração equivalente à suspensão contratual, mediante previsão em convenção ou acordo coletivo de

---

50 *In:* ***Curso de Direito do Trabalho.*** Pág. 745.

51 *In:* ***Curso de Direito do Trabalho.*** Pág. 770.

52 *In:* ***Curso de Direito do Trabalho.*** Pág. 869.

trabalho e aquiescência formal do empregado, observado o disposto no art. 471 desta Consolidação".

Permite o dispositivo legal celetista que o empregador poderá optar por suspender o contrato de trabalho do empregado pelo período de 2 a 5 meses, período no qual estará obrigado a oferecer ao empregado curso ou programa de qualificação profissional, devendo tal hipótese de suspensão do contrato de trabalho ser regulamentada por meio de convenção ou acordo coletivo de trabalho.

Ora, tal hipótese se adequa bem com as necessidades da empresa em momentos de crises empresariais, ainda porque os parágrafos do referido dispositivo legal trazem efeitos a tal suspensão que se adequam às necessidades da empresa.

Assim, segue a transcrição do teor do §1º., que prescreve norma que obriga a empresa a comunicar ao sindicato da categoria profissional, com antecedência mínima de 15 dias, a decisão pela suspensão contratual, conforme já previsto previamente em convenção ou acordo coletivo de trabalho, *"in verbis"*:

> "Art. 476-A da CLT. (...)
>
> §1º. Após a autorização concedida por intermédio de convenção ou acordo coletivo, o empregador deverá notificar o respectivo sindicato, com antecedência mínima de quinze dias da suspensão contratual".

Ato contínuo o §2º. do art. 476-A da CLT prescreve um prazo de carência para que seja possível a concessão de nova suspensão contratual para a qualificação do empregado, qual seja, de 16 meses, vejamos:

> "Art. 476-A da CLT. (...)
>
> §2º. O contrato de trabalho não poderá ser suspenso em conformidade com o disposto no caput deste artigo mais de uma vez no período de dezesseis meses".

Essencial é a previsão legal contida no §3º., que faculta ao empregador a concessão de ajuda compensatória mensal durante o período de suspensão contratual, o que pode estimular a utilização do instituto, *"in verbis"*:

> "Art. 476-A da CLT. (...)
>
> §3º. O empregador poderá conceder ao empregado ajuda compensatória mensal, sem natureza salarial, durante o período de suspensão contratual nos termos do caput deste artigo, com valor a ser definido em convenção ou acordo coletivo".

O §4º. do art. 476-A da CLT faculta ao empregador a concessão de benefícios ao empregado, sem natureza salarial, *"in verbis"*:

> "Art. 476-A da CLT. (...)
>
> §4º. Durante o período de suspensão contratual para participação em curso ou programa de qualificação profissional, o empregado fará jus aos benefícios voluntariamente concedidos pelo empregador."

O §5º. traz duas importantes prescrições: primeira, a necessidade de previsão de uma multa mínima de 100% da última remuneração mensal percebida pelo empregado, além das verbas indenizatórias pertinentes à dispensa sem justa causa; segunda, um período de estabilidade de 3 meses contado do retorno ao trabalho pelo empregado, vejamos:

> "Art. 476-A da CLT. (...)
>
> §5º. Se ocorrer a dispensa do empregado no transcurso do período de suspensão contratual ou nos três meses subseqüentes ao seu retorno ao trabalho, o empregador pagará ao empregado, além das parcelas indenizatórias previstas na legislação em vigor, multa a ser estabelecida em convenção ou acordo coletivo, sendo de, no mínimo, cem por cento sobre o valor da última remuneração mensal anterior à suspensão do contrato".

O §6º. do art. 476-A da CLT prescreve as implicações pela fraude trabalhista quando o empregador não ministrar o curso ou programa de qualificação profissional, ou se mantiver o empregado trabalhando durante o período, vejamos:

> "Art. 476-A da CLT. (...)
>
> §6º. Se durante a suspensão do contrato não for ministrado o curso ou programa de qualificação profissional, ou o empregado permanecer trabalhando para o empregador, ficará descaracterizada a suspensão, sujeitando o empregador ao pagamento imediato dos salários e dos encargos sociais referentes ao período, às penalidades cabíveis previstas na legislação em vigor, bem como às sanções previstas em convenção ou acordo coletivo".

Por fim, o §7º. prescreve a possibilidade de que o prazo de dois a cinco meses previsto no *"caput"* seja prorrogado por negociação coletiva, *"in verbis"*:

> "Art. 476-A da CLT. (...)
>
> §7º. O prazo limite fixado no caput poderá ser prorrogado mediante convenção ou acordo coletivo de trabalho e aquiescência formal do empregado, desde que o empregador arque com o ônus correspondente ao valor da bolsa de qualificação profissional, no respectivo período".

Eis a regulamentação legal do instituto que permite a suspensão do contrato como medida que serve perfeitamente para que sejam evitadas dispensas coletivas em momentos de crises empresariais, cabendo às próprias negociações coletivas, como quer a lei, esmiuçar a regulamentação de tal hipótese ora narrada.

Complementarmente a todo o exposto, faz-se importante relevar o entendimento esposado por *Manus* e *Romar*[53] ao lecionarem que durante o período de suspensão contratual os trabalhadores colocados em curso ou programa de aperfeiçoamento profissional continuam segurados pela Previdência Social, nos termos do art. 15, inciso II, da Lei nº. 8.213/1991.

---

[53] *In: **CLT e Legislação Complementar em Vigor.*** Pág. 155.

Enfim, a suspensão do contrato de trabalho, principalmente nos termos do art. 476-A da CLT, é medida eficaz para a solução de problemas trabalhistas em momentos de crises empresariais, sendo instituto jurídico-trabalhista a ser apreciado atentamente em negociação coletiva de trabalho, tratando-se de um caminho benéfico a classe trabalhadora nos momentos de crise empresarial.

3.5.5 Programas de Demissões Voluntárias (PDV's)

Os programas de demissões voluntárias tantas vezes utilizados pelas empresas brasileiras quando pretendem enxugar o quadro de pessoal podem ser muito úteis em momentos de crises empresariais, caso o caminho seja realmente a redução de postos de trabalho sem que exista uma outra medida menos prejudicial aos trabalhadores (por ex.: redução de jornada, redução temporária de salários, banco de horas, férias coletivas, suspensão do contrato de trabalho *"et cetera"*).

Cumpre observar que os programas de demissões voluntárias, popularmente conhecidos pela sigla PDV's, não se coadunam perfeitamente com os propósitos do presente livro jurídico, que busca debater a possibilidade de que as negociações coletivas de trabalho sejam utilizadas como mecanismo pertinente a evitar a redução de postos de trabalho.

Mas, certamente, se todas as mesas de negociações realizadas entre empresa, em crise econômica, e representantes dos trabalhadores apontar para a irremediável necessidade de redução de postos de trabalho para a preservação da empresa os programas de demissões voluntárias (PDV's) são mais benéficos aos trabalhadores do que a despedida coletiva sem justa causa (despedida em massa).

Ora, os programas de demissões voluntárias (PDV's) permitem a manifestação por cada trabalhador do interesse no desligamento do quadro de pessoal da empresa ou não, ao contrário da despedida coletiva de trabalhadores que não permite a manifestação individual de vontade por parte do maior interessado, o trabalhador; ainda mais se a empresa apresentar uma série de vantagens que venham a estimular o desligamento de trabalhadores que estejam descontentes.

Nessa toada, diante da imperativa necessidade de redução de postos de trabalho, o ideal é que os programas de demissões voluntárias a serem adotados como medidas emergenciais nos momentos de crises econômicas empresariais sejam devidamente regulamentados por meio de negociações coletivas de trabalho (convenções ou acordos coletivos de trabalho), pois, eventual oferecimento de programas de demissões voluntárias (PDV's) pelas empresas de forma unilateral, possivelmente, não acarretará os mesmos efeitos benéficos aos trabalhadores que são esperados pela medida.

O que dizem os estudiosos do Direito do Trabalho sobre os PDV's?

Ensina *Amauri Mascaro Nascimento*[54] que os programas de demissões voluntárias (PDV's) devem ser entendidos como formas de extinção dos contratos de trabalho que encontram suas origens nas práticas empresariais, nos usos e costumes das

54 *In: **Curso de Direito do Trabalho***. Pág. 806.

corporações, sendo que, não estão regulamentados por lei, mas, são agasalhados pelo ordenamento jurídico brasileiro.

Prossegue ensinando *Mascaro Nascimento*[55] que os PDV's surgiram diante da necessidade apresentada pelas empresas de redução de pessoal *"quer por motivos de ordem econômica, quer tendo em vista razões de reorganização"*, com o oferecimento de vantagens maiores do que as previstas em lei àqueles trabalhadores que queiram se desligar da empresa, pagando-se inclusive uma indenização em acréscimo aos direitos trabalhistas ao voluntário aderente do PDV.

A indenização em acréscimo aos direitos trabalhistas pagos por ocasião da dispensa é a vantagem oferecida pela empresa, em crise, que estimula os trabalhadores à adesão ao PDV.

Mascaro Nascimento[56] leciona admitindo a possibilidade de que os programas de demissões voluntárias (PDV's) sejam contratados coletivamente entre a empresa e os representantes dos trabalhadores, pela mais adequada via do acordo coletivo de trabalho, sendo que, por meio da referida negociação coletiva são estabelecidos os parâmetros da forma como será realizado o programa de demissão voluntária, com a estipulação de cláusulas prevendo um prazo determinado de duração do PDV para adesão, como será feito o desligamento do aderente, indenização a ser paga, forma de pagamento, obrigações da empresa, entre outras.

Então, de acordo com a lição da doutrina, o programa de demissão voluntária (PDV) produz os mesmos efeitos jurídicos que produziria a dispensa sem justa causa, sendo devidos os mesmos direitos trabalhistas (férias, décimo terceiro salário, indenização de quarenta por cento do FGTS, saldo salarial, aviso prévio), mas, trata-se de situação jurídica mais vantajosa aos trabalhadores, principalmente em razão do *"plus"* indenizatório que estimula os trabalhadores ao desligamento.

Portanto, com respaldo nas lições doutrinárias acima expostas, inexistindo outro caminho que não seja o corte de pessoal, certamente, o programa de demissão voluntária é medida menos prejudicial do que a dispensa coletiva.

3.5.6 Compensação de jornada de trabalho

Faz-se importante diferenciar a compensação de jornada de trabalho semanal do instituto jurídico do banco de horas, diante de algumas peculiaridades que diferenciam os dois institutos jurídicos.

Ora o art. 7º, inciso XIII, da Constituição Federal de 1988, autoriza a compensação semanal de horas trabalhadas e não trabalhadas, mediante acordo ou convenção coletiva de trabalho. Então, surgiu um sério questionamento a respeito da natureza jurídica do acordo referido pela norma constitucional, se individual ou se apenas pela via da negociação coletiva.

---

55 *Idem*. Pág. 806.

56 *Idem*. Pág. 807.

Conforme as lições de *Alice Monteiro de Barros*, é admitida a compensação semanal de horas trabalhadas e não trabalhadas mediante acordo individual por escrito, como segue:

> "O TST definiu a natureza do acordo a que se refere o texto constitucional como sendo individual e escrito (Súmula n. 85, I e II), salvo norma coletiva em contrário. Cumpre frisar que o TST não admite, para tais fins, o acordo individual tácito (Súmula n. 85, I). Entretanto, a teor do item III da citada súmula, o não atendimento das exigências legais para a compensação de jornada, inclusive quando encetada mediante acordo tácito, não implica a repetição de pagamento de horas excedentes à jornada normal diária, se não dilatada a jornada máxima semanal, sendo devido apenas o respectivo adicional sobre as horas compensadas irregularmente".[57]

Ora, elucidativamente, *Alice Monteiro de Barros* leciona que o TST já sumulou entendimento (Súmula nº 85 do TST) no sentido de que o acordo que fixa os parâmetros para a compensação de jornada semanal pode ser escrito e individual, sendo revogado por convenção ou acordo coletivo em sentido contrário, sendo que, havendo compensação semanal sem atendimento das regras fixadas acarretará no pagamento apenas do adicional referente às horas excedentes.

Todavia, a mesma doutrinadora [58] firma posição crítica a esse entendimento, não admitindo o acordo individual escrito, pois, se assim for há que se admitir a redução de jornada de trabalho por meio de acordo individual, em interpretação sistemática a ser dada ao inciso XIII, do art. 7º, da CF/1988.

O banco de horas anual está instituído legalmente no art. 59, §2º, da CLT, permitindo a compensação de horas trabalhadas e não trabalhadas ao longo de um ano. Nos termos do §3º do art. 59 da CLT, havendo rescisão do contrato de trabalho ao longo do ano, sem que tenha havido a compensação total das horas trabalhadas pelas horas não trabalhadas, *"fará o trabalhador jus ao pagamento das horas extras não compensadas, calculadas sobre o valor da remuneração na data da rescisão"*.[59]

Salienta *Sayonara Grillo Coutinho Leonardo da Silva*[60], com respaldo nas lições do economista *J. D. Krein*, que a flexibilização da jornada de trabalho por meio da compensação semanal encontra justificativa no combate ao desemprego, em que pese o descontentamento dos trabalhadores, pois, trata-se de medida que desorganiza a vida pessoal e familiar dos trabalhadores atingidos pela flexibilização do horário de trabalho, principalmente, diante da baixa regulamentação dos procedimentos de compensação e de prorrogação do trabalho.

Ora, tais respeitáveis críticas feitas por *Sayonara Grillo Coutinho Leonardo da Silva* não são suficientes para desacreditar a importância da compensação

---

57 *In:* ***Curso de Direito do Trabalho.*** Págs. 676 e 677.

58 *Idem.* Pág. 676.

59 *Idem.* Pág. 677.

60 *In:* ***Relações Coletivas de Trabalho.*** Págs. 314 e 315.

semanal de horas trabalhadas e não trabalhadas em momentos de crises econômicas empresariais.

Sem dúvida, buscando-se evitar a dispensa coletiva de trabalhadores a compensação semanal de horas trabalhadas e não trabalhadas serve como medida imediata que pode ajudar na resolução de problemas trabalhistas oriundos das crises econômicas empresariais.

Mas, faz-se importante ressaltar, que o intervalo para descanso e alimentação é inegociável, não sendo passível de compensação semanal de horário, nos termos do entendimento já pacificado na OJ nº 342 da SDI-1 do TST.

Eis a pertinência da compensação semanal das horas trabalhadas e não trabalhadas com o objeto desse livro jurídico.

3.5.7 Banco de horas

Segundo os ensinamentos de *Amauri Mascaro Nascimento*, *"a compensação de horas prevista pela Lei nº 9.601, de 1998, passou de quadrimestral para anual, na forma da Medida Provisória n. 1.952-28, de 21 de setembro de 2000, que alterou a redação do art. 59 da CLT, §2º"*.[61]

De acordo com as lições de *Mascaro Nascimento*[62], o banco de horas é uma modalidade especial de compensação de horas.

Apesar do entendimento do TST no sentido de aceitar a possibilidade de que o banco de horas seja fixado por meio de acordo individual, alguns doutrinadores somente aceitam o banco de horas por meio de negociação coletiva.

Afirma *Sayonara Grillo Coutinho da Silva* que *"ampla maioria dos juristas admite a constitucionalidade do banco de horas"*.[63] Além do mais:

> "As evidências indicam que, ao contrário do contrato por tempo determinado, o estímulo à flexibilização horária, pela adoção do banco de horas, obteve mais resultados práticos, tendo sido uma das regras decorrentes das reconfigurações institucionais do Direito Coletivo do Trabalho que produziram maior efeito. Foi amplamente utilizada pelos atores coletivos nas negociações do final da década ..., e também uma das menos questionadas do ponto de vista de sua incompatibilidade com a Constituição Federal, o que atribui maior segurança jurídica aos empregadores e, possivelmente, estimulou sua aplicação".[64]

A mesma estudiosa, acima apontada, escreve que o banco de horas nasceu da adoção do *"just in time"*, *"com uma produção direcionada para atender determinadas demandas"*, dessa maneira, o tempo de trabalho deve ser regulado pela demanda de

---

[61] *In*: ***Curso de Direito do Trabalho***. Pág. 974.

[62] *Idem*. Pág. 974.

[63] *In*: ***Relações Coletivas de Trabalho***. Pág. 315.

[64] *Idem*. Pág. 314.

produção da empresa, ou seja, em épocas de maior produção trabalha-se mais e em outras épocas de estiagem trabalha-se menos.[65]

Homero Batista Mateus da Silva[66] é severo crítico do banco de horas, chamando de *"voracidade dos bancos de horas"*; enfim, ainda que diante de críticas o banco de horas é medida eficiente para o enfrentamento de crises empresariais.

Não são poucas as vozes que ecoam contra o banco de horas sob a alegação de se tratar de uma forma de precarização das relações de trabalho, sendo assim, os críticos sustentam sua indignação no argumento de que as normas jurídicas trabalhistas protegem a segurança, a higiene e a medicina no trabalho, logo, apresentam conteúdo de direitos irrenunciáveis.

Mas, ampla maioria da doutrina acolhe o banco de horas, sustentando não se tratar de uma forma de precarização das relações de trabalho e sim de um mecanismo que permite a adequação dos modos de produção ao sistema capitalista dominante no mercado mundial.

Nesta toada, *Sayonara Grillo* afirma que no Brasil a edição da Lei nº. 9.601/1998 teve por escopo *"possibilitar a dispensa do acréscimo de salário"* quando da necessidade de compensação de horas trabalhadas a mais em um dia com a redução das horas trabalhadas em outros dias, conforme fixado em convenção coletiva de trabalho ou acordo coletivo de trabalho.[67]

Ora, o banco de horas é medida muito útil para o enfrentamento de crises, impedindo a demissão coletiva de trabalhadores; assim, permitirá a redução das horas trabalhadas durante o período de crise podendo haver a retribuição das referidas horas reduzidas com maior tempo de trabalho ao fim da crise.

O banco de horas permite a compensação do excesso de horas trabalhadas em um dia com a redução do tempo de trabalho em outro dia, tendo como limitações a compensação no período máximo de 1 (um) ano, não podendo o banco de horas exceder a soma das jornadas semanais de trabalho durante todo o ano, além do mais admite-se no máximo o trabalho por 10 (dez) horas diárias.

Por fim, ensina *Alice Monteiro de Barros* que, conforme o art. 59, §3º., da CLT, *"na hipótese de rescisão do contrato de trabalho sem que tenha havido a compensação integral da jornada extraordinária, na forma do §2º., fará o trabalhador jus ao pagamento das horas extras não compensadas, calculadas sobre o valor da remuneração na data da rescisão"*.[68]

3.5.8 Cortes de benefícios

Eventuais benefícios são concedidos pelos empregadores aos trabalhadores, por mera liberalidade, conforme tratativas firmadas em negociação coletiva de trabalho.

---

65 *Idem.* Pág. 313.

66 *In:* ***Curso de direito do trabalho aplicado, vol. 7: direito coletivo do trabalho.*** Págs. 150 e 151.

67 *In:* ***Relações Coletivas de Trabalho.*** Pág. 314.

68 In: ***Curso de Direito do Trabalho.*** Pág. 677.

Os benefícios ora mencionados são aqueles fixados por meio de convenção ou acordo coletivo de trabalho anterior, com prazo vencido, cujas concessões poderão ser não renovadas, e não aqueles concedidos individualmente pelo empregador, que ostentam natureza jurídica salarial nos termos do art. 457, §1º, da CLT; neste diapasão, *Homero Batista Mateus da Silva*[69] proclama como vitoriosa a corrente doutrinária defensora da não incorporação das cláusulas coletivas aos contratos individuais de trabalho de forma definitiva, o que corrobora a tese da possibilidade de supressão de benefícios nas crises empresariais.

Eis as lições do referido doutrinador:

> "Não bastasse o inciso II fazer menção ao prazo de vigência, o inciso IV do art. 613 volta à tecla ao afirmar que as condições ajustadas somente regerão as relações de trabalho durante a vigência da norma coletiva".[70]

Outrossim, a Súmula nº. 277 do Tribunal Superior do Trabalho corrobora esse entendimento, senão vejamos:

> "As condições de trabalho alcançadas por força de sentença normativa vigoram no prazo assinado, não integrando, de forma definitiva, os contratos."

Ora, sob tal entendimento, já sedimentado pelos nossos tribunais trabalhistas, é possível a supressão de benefícios concedidos por mera liberalidade do empregador por meio de negociação coletiva de trabalho, quando vencido o prazo de vigência da norma coletiva, como medida de flexibilização circunstancial.

3.5.9 A Medida Provisória nº 680, de 06 de julho de 2015 (Programa de Proteção ao Emprego)

As relações de trabalho no Brasil, sob a ótica jurídica, estão organizadas por um rígido ordenamento sistematizado, o qual desde a metade do século passado construiu quase inabalável edifício jurídico, cujo conteúdo abrange direitos e obrigações atribuídos aos atores das relações laborais, de natureza social e econômica, sendo que nos momentos de crises econômicas e/ou empresariais coloca-se em questão a sobrevivência dessa superestrutura protetiva da figura do trabalhador-hipossuficiente, quando então ganha destaque o argumento defensor da "flexibilização trabalhista".

A expressão "flexibilização trabalhista" surgiu como um neologismo criado pelos estudiosos das relações de trabalho, a qual bem define a proposta neoliberal de reconstrução do rígido edifício jurídico protetivo existente, buscando torná-lo mais flexível. Ou seja, em outras palavras, trata-se de uma proposta para que a rígida proteção aos direitos do trabalhador, hoje existente dentro de uma relação de trabalho, torne-se mais flexível, com a intenção de que tais direitos trabalhistas possam ser negociados e até mesmo mitigados, conforme a realidade empresarial em contexto.

---

[69] *Idem*. Pág. 163.

[70] *Idem*. Pág. 162.

Nei Frederico Cano Martins[71] atribui aos reflexos da globalização as causas do surgimento do fenômeno da "flexibilização trabalhista".

Giseli Ângela Tartaro Ho, respaldada pelas lições de *Luiz Carlos Amorim Robortella*, define a "flexibilização trabalhista" como "o instrumento de política social, caracterizado pela adaptação constante das normas jurídicas à realidade econômica, social e institucional, mediante intensa participação de trabalhadores e empresários, para eficaz regulação do mercado de trabalho, tendo como objetivos o desenvolvimento econômico e o progresso social" [72].

Então, conforme esse raciocínio, a própria Constituição Federal da República Brasileira de 1988 admite que, provisoriamente e circunstancialmente, seja promovida a redução de direitos trabalhistas em tempos de crises empresariais, inclusive como mecanismo apto a evitar a despedida em massa de trabalhadores.

Nesse sentido, o art. 7º da Constituição Republicana de 1988, em seu inciso VI, permite a redução salarial mediante negociação coletiva patrocinada pelas entidades sindicais, ou mesmo podendo a própria empresa negociar diretamente com a entidade de classe profissional.

Ainda, o art. 7º da Constituição de 1988, em seu inciso XIII, trata sobre a "flexibilização trabalhista" regulamentando a possibilidade de redução da jornada de trabalho.

É certo que não existe qualquer equívoco ao se afirmar que o art. 7º, em seus incisos VI e XIII, da Constituição Republicana de 1988, objetiva a facilitação da adequação da regulamentação jurídica das relações de trabalho à realidade empresarial em tempos de crise, como forma de proteger o emprego e evitar despedidas em massa de trabalhadores, inclusive por que o "caput" do mesmo art. 7º prescreve que os incisos desse dispositivo constitucional devem necessariamente garantir direitos aos trabalhadores, logo, por uma questão de lógica, as "flexibilizações trabalhistas" de salário e de jornada, previstas nos incisos VI e XIII acima apontados, visam à proteção do trabalhador e não enfraquecê-lo dentro da relação econômico-social laboral.

Com isso, de forma coerente com a ordem jurídica constitucionalizada, o Governo Federal editou a Medida Provisória nº 680, de 06 de julho de 2015, publicada no Diário Oficial da União no último dia 07 de julho de 2015, criando o Programa de Proteção ao Emprego, buscando fazer valer os ditames constitucionais.

De acordo com a Medida Provisória nº 680, de 06 de julho de 2015, que aguarda a conversão em lei, poderão as empresas em dificuldades econômico-financeiras aderir ao Programa de Proteção ao Emprego (PPE) do Governo Federal, para que, temporariamente, possam reduzir até 30% (trinta por cento) da jornada de trabalho de seus empregados, com a paralela redução proporcional

---

71 *In:* SILVESTRE, Rita & NASCIMENTO, Amauri Mascaro. *Os novos paradigmas do Direito do Trabalho – Homenagem a Valentin Carrion.* São Paulo: Saraiva. Pág. 165.

72 *In:* BRAMANTE, Ivani Contini & CALVO, Adriana. *Aspectos Polêmicos e Atuais do Direito do Trabalho – Homenagem ao Professor Renato Rua de Almeida.* São Paulo: Editora LTr. 2007. Pág. 295.

de salários. A Medida Provisória nº 680, de 06 de julho de 2015, encontra regulamentação no Decreto nº 8.479 de 2015 e na Portaria do MTE nº 1.013 de 2015.

Então, conforme as normas regulamentadoras do Programa de Proteção ao Emprego, o Governo Federal, por meio de recursos do Fundo de Amparo ao Trabalhador (FAT), suportará 50% (cinquenta por cento) do valor do salário reduzido, respeitando-se o limite de 65% (sessenta e cinco por cento) do maior benefício do seguro-desemprego (atualmente o valor de R$ 900,84), cabendo ao trabalhador suportar apenas 15% (quinze por cento) da redução salarial, o que se justifica nos momentos de crises empresariais, com o intuito de que sejam evitadas despedidas em massa de trabalhadores.

Ou seja, a ideia básica do Programa de Proteção ao Emprego (PPE) é que nos momentos de crises empresariais sejam compartilhados esforços entre a empresa em crise, o trabalhador ameaçado de desemprego, o Governo Federal e a sociedade, evitando-se, com isso, incalculáveis malefícios causados pela despedida de trabalhadores em proporções coletivas.

O Comitê Interministerial do Programa de Proteção ao Emprego, criado pelo Decreto nº 8.479 de 2015, estabeleceu por meio de resolução as regras e os procedimentos para adesão ao PPE, a fim de evitar fraudes, condicionando-se a adesão à verificação objetiva da existência ou não de reais crises empresariais, o que será feita por meio do Indicador Líquido de Emprego (ILE), sendo que esse índice levará em consideração as informações do Caged (Cadastro Geral de Empregados e Desempregados) para que seja feito um cálculo com base nos números de admissões e demissões nos últimos doze meses.

Além de obter o resultado exigido por meio do Indicador Líquido de Emprego (ILE), a empresa que pretender aderir ao Programa de Proteção ao Emprego (PPE) deverá firmar um acordo coletivo de trabalho específico para essa finalidade junto ao sindicato da categoria profissional, a fim de que seja autorizada a redução de jornada e de salários.

Além do mais, cabe salientar que as empresas aderentes ao Programa de Proteção ao Emprego suportarão algumas restrições, tais como: não poderão despedir imotivadamente os empregados que tiverem a suas jornadas reduzidas, mesmo depois de terminado o período de redução, projetando-se 1/3 do tempo de adesão para data posterior ao término da redução de jornada; e, ainda, a empresa não poderá contratar novos empregados nas mesmas funções exercidas pelos empregados atingidos pela redução de jornada, excluindo-se dessa regra os aprendizes. Sendo que as empresas violadoras dessas restrições se sujeitarão ao pagamento de multa administrativa e deverão restituir os recursos utilizados pelo Fundo de Amparo ao Trabalhador (FAT).

Desde o dia 22 de julho de 2015, o Governo Federal está aceitando a participação no Programa de Proteção ao Emprego, sendo que o acordo coletivo com propósitos específicos, obrigatoriamente, deverá ser firmado com a entidade sindical profissional antes da solicitação de participação.

A título de ilustração, cabe dizer que a Lei Federal nº 4.923, de 1965, antes mesmo da Constituição de 1988, já autorizava a redução salarial acompanhada de redução de jornada, logo, a Medida Provisória nº 680, de 2015, não causa qualquer estranheza ao nosso ordenamento jurídico, inclusive, por que tem por escopo servir aos interesses sociais como mecanismo de combate à despedida em massa e como medida que refuta o crescimento dos índices de desemprego no país.

Ante o exposto, nesse dramático e perturbador momento de crises (governamental, internacional, econômica, empresariais etc.), no qual a palavra crise frequenta as notícias mais cotidianas e mesmo as mais banais, temos que a Medida Provisória nº 280, de 06 de julho de 2015, insere-se no mundo jurídico como mais um mecanismo de contenção dos malefícios sociais gerados pelo desemprego em massa.

Capítulo 4

A INEXISTÊNCIA DE PRECARIZAÇÃO DAS RELAÇÕES DE TRABALHO NA "FLEXIBILIZAÇÃO CIRCUNSTANCIAL DE DIREITOS TRABALHISTAS"

Não há como se alegar que a "flexibilização circunstancial de direitos trabalhistas"seja uma maneira de precarização das relações de trabalho, pelo contrário, o que se pretende é a manutenção de postos de trabalho, evitando-se a despedida coletiva de trabalhadores e buscando-se a preservação da empresa.

Obviamente que se espera do empregador a boa-fé objetiva, iniciando o procedimento de negociação demonstrando cabalmente a situação econômico-financeira da empresa e a necessidade de modificação nas relações de trabalho, o que poderá levar à dispensa coletiva de trabalhadores.

Em cotejo com as lições de *Alice Monteiro de Barros*[1], vale dizer que a "flexibilização circunstancial de direitos trabalhistas", em momentos de crises empresariais, não pode ser confundida com a histórica reivindicação empresarial em busca da redução dos custos da empresa reduzindo direitos trabalhistas.

Amauri Mascaro Nascimento[2] corrobora com os propósitos do presente livro jurídico, trazendo uma compreensão benéfica da flexibilização, sob certos pontos de vista; entende que a flexibilização é benéfica para certas finalidades e que a noção de flexibilização trabalhista é ampla demais albergando diversas vertentes, algumas benéficas e outras maléficas.

Por certo, seguindo as lições do mencionado doutrinador, a "flexibilização circunstancial de direitos trabalhistas" em momentos de crises empresariais não desmorona o arcabouço jurídico protetivo ao trabalhador, hipossuficiente, frente ao proprietário dos bens de produção, o capitalista; na verdade, a proposta é que observando a dignidade da pessoa humana, em momentos de crises empresariais, a flexibilização circunstancial e temporária dos direitos trabalhistas, por meio de negociação coletiva de trabalho, seja um caminho para a manutenção de postos de trabalho e seja evitada a dispensa coletiva de trabalhadores.

Eis uma perspectiva benéfica da flexibilização, que não pode ser estereotipada como forma de precarização das relações de trabalho.

---

1 *In:* ***Curso de Direito do Trabalho.*** Pág. 86.

2 *In:* ***Curso de Direito do Trabalho***. Págs. 168, 169, 170 e 171.

4.1 "ULTIMA RATIO": DISPENSA COLETIVA DE TRABALHADORES EM MOMENTOS DE CRISES ECONÔMICAS NAS EMPRESAS

Ao definir dispensa do empregado de acordo com o ordenamento jurídico brasileiro, leciona *Amauri Mascaro Nascimento* pelas palavras a seguir:

> "Um dos temas que maior atenção devem merecer em nosso direito do trabalho é a ruptura do contrato individual pelo empregador.
>
> A perda do emprego tem uma dimensão que transcende a esfera jurídica. Atinge a subsistência de uma pessoa, de sua família e de seus dependentes econômicos.
>
> Assim, não pode ser disciplinada segundo um princípio de plena liberdade de uma das partes, o empregador, porque o uso indiscriminado do poder de despedir pode assumir proporções que afetam o sentido de Justiça Social, valor fundamental que deve presidir as relações individuais e coletivas de trabalho.
>
> Dispensa é ruptura do contrato de trabalho por ato unilateral e imediato do empregador, independente da vontade do empregado.
>
> Classifica-se, na teoria, em: a) quanto à causa – dispensa com ou sem justa causa, aquela subdividindo-se em dispensa com causa justa e sem causa justa; b) quanto à forma – em dispensa informal e formal, esta dividindo-se em dispensa com procedimento ou sem procedimento; c) quanto ao controle – em dispensa sem ou com controle, e este será administrativo, judicial ou profissional; d) quanto aos efeitos jurídicos – será dispensa válida e dispensa nula, esta, por sua vez, com ou sem reintegração ao emprego; e) quanto ao número de empregados – será individual ou coletiva; f) quanto aos direitos do empregado – será indenizada ou não indenizada".[3]

Em nosso ordenamento jurídico pátrio, a dispensa coletiva (ou em massa) não encontra regulamentação específica.

Classicamente, entende-se que o procedimento de dispensa coletiva (ou em massa) no ordenamento jurídico brasileiro é o mesmo dado às dispensas individuais sem justa causa, tratando-se, na verdade, de uma soma de dispensas individuais sem justa causa.

Porém, o pensamento clássico vem sendo reformulado, pela observância dos princípios e das diretrizes que regem o contratualismo atualmente.

Assim, com respaldo nos ensinamentos doutrinários, por exemplo, as lições de *Renato Rua de Almeida*[4], mostra-se mais acertado o entendimento de que o procedimento de dispensa em massa (ou coletiva) em nosso ordenamento jurídico encontra limites nos deveres contratuais anexos (ou instrumentais) não se revelando como uma somatória pura e simples de dispensas individuais sem justa causa.

---

3 *In: **Curso de Direito do Trabalho.*** Págs. 782 e 783.

4 *In: **Subsiste no Brasil o direito potestativo do empregador nas despedidas em massa.*** Revista LTr. São Paulo. Volume 73, nº. 04, abril de 2009, págs. 391 a 393.

Rua de Almeida sustenta a necessidade de observância da eficácia horizontal dos direitos fundamentais, com respeito ao dever de boa-fé objetiva e dos deveres contratuais anexos, quando da necessidade de proceder a dispensa coletiva de trabalhadores, vejamos:

> "O direito potestativo do empregador estaria fundado na plena liberdade contratual, limitada apenas pela legislação imperativa e pelas normas coletivas, conforme prescreve o artigo 444 da Consolidação das Leis do Trabalho.
>
> No entanto, é de indagar-se se essa liberdade contratual de despedir em massa, mesmo sem legislação trabalhista que a limite e dela exija comprovação prévia de motivo justo e relacionado a uma causa objetiva da empresa, de ordem econômico-conjuntural ou técnico-estrutural, prevalece face ao direito fundamental social da proteção da relação de emprego contra a despedida arbitrária ou sem justa causa, tal qual previsto pelo artigo 7º., inciso I, da Constituição Federal de 1988, e também face ao paradigma da ilicitude contratual por abuso de direito, em razão da violação da cláusula geral de boa-fé objetiva e de seus deveres anexos, conforme prescrevem os artigos 187 e 422 do Código Civil de 2002.
>
> As doutrinas constitucional e trabalhista modernas em matéria de direitos humanos, que foram internalizados constitucionalmente como direitos fundamentais, tanto os de primeira geração, chamados direitos individuais ou da cidadania, como os de segunda geração, chamados direitos sociais, debatem se a eficácia horizontal de tais direitos fundamentais nas relações privadas, e, em particular, os direitos fundamentais sociais na relação de trabalho dá-se de forma direta e imediata ou indireta e mediata, na busca de sua máxima efetividade técnica e social".[5]

Prossegue *Renato Rua de Almeida* lecionando que a eficácia horizontal dos direitos fundamentais no momento de dispensas coletivas, diante da ausência de regulamentação constitucional, pode ser atingida *"pela exigência do cumprimento pelo empregador, nas despedidas em massa, dos valores da boa-fé objetiva e dos seus deveres anexos, previstos nos mencionados artigos 187 e 422 do Código Civil de 2002"*.[6]

Com efeito, mostra-se justa a afirmação de que o direito do empregador de dispensar coletivamente trabalhadores não pode ser observado como um direito potestativo ilimitado, em que pese a inexistência de regulamentação específica da dispensa coletiva em nosso ordenamento jurídico.

Mascaro Nascimento leciona sobre a inexistência de regulamentação legal específica da dispensa coletiva no nosso ordenamento jurídico, vejamos:

> "Nosso direito voltou-se para as dispensas individuais, e nesse sentido é que se dirige a sua construção legal, doutrinária e jurisprudencial, apesar da realidade mais rica e expansiva das relações de trabalho. A lei prevê dispensas com ou sem justa causa (CLT, art. 482), dispensas indiretas (art. 483), dispensas com culpa

---

[5] *Idem.*

[6] *Idem.*

> recíproca (art. 484), prevendo as respectivas reparações, mas há duas formas de dispensa que merecem uma referência especial, porque não estão previstas em nossa legislação, uma criada empiricamente e outra não amplamente acolhida em outros países, a demissão voluntária e a dispensa coletiva, ambas apresentando interessantes aspectos doutrinários à luz do tema que está sendo examinado".[7]

Dessa maneira, explicando as diferenças entre a dispensa coletiva (ou em massa) e a dispensa individual, prossegue *Mascaro Nascimento*, vejamos:

> "Quanto à dispensa coletiva, o principal traço jurídico distintivo da individual está na natureza de ato instantâneo desta e de sucessivo naquela, na forma em que a prevê a Convenção n. 158 da OIT – Organização Internacional do Trabalho, que define um modelo de procedimento em várias e sucessivas etapas, a começar de um programa de dispensas, de modo a preservar os trabalhadores em determinada situação – como os mais antigos etc. -, seguindo-se a verificação da possibilidade de alternativas, como a suspensão coletiva do contrato de trabalho por um prazo, as negociações com a representação dos trabalhadores, a participação de órgãos governamentais de colocação ou reciclagem profissional, um aviso prévio prolongado e outras, que podem diversificar-se em cada situação concreta".[8]

Pelas lições acima, vê-se a superação do pensamento clássico, aquele que sustenta em nosso ordenamento, diante da ausência de regulamentação legal, que as dispensas coletivas inserem-se no poder potestativo do empregador, ilimitadamente, tratadas como uma soma de dispensas individuais sem justa causa.

Com respaldo na função social do contrato, na função social da propriedade e nos princípios do contratualismo pós-moderno, quais sejam, a eticidade, a solidariedade, a cooperação, a lealdade *"et cetera"*, não podem ser ignorados os efeitos sociais decorrentes da ruptura de contratos laborais coletivamente.

Enfim, a Convenção nº. 158 da OIT trata expressamente sobre o cauteloso procedimento prévio a ser adotado nas dispensas coletivas de trabalhadores, porém, ainda não houve ratificação da mesma pelo Brasil, mas, a ineficácia jurídica de tais normas não desobriga as partes do cumprimento de deveres contratuais anexos (ou instrumentais), principalmente dos deveres de informar e de negociar, frente ao dever de boa-fé objetiva das partes.

Romita faz apelo pela ratificação da Convenção nº. 158 da OIT:

> "A evolução do instituto da dispensa mostra que, da fase do liberalismo e do individualismo jurídico (na qual inexistia qualquer limitação ao arbítrio patronal), passa-se, por estágios intermediários, à moderna concepção da dispensa justificada, ou dispensa sob controle.
>
> A 67ª. sessão da Conferência Internacional do Trabalho, realizada em 1982, aprovou a Convenção n. 158, sobre o término da relação de trabalho por iniciativa do

---

[7] *In:* ***Curso de Direito do Trabalho.*** Pág. 788.

[8] *Idem.* Pág. 789.

> empregador, complementada pela Recomendação n. 166, a qual, por seu turno, substitui a Recomendação n. 119, de 1963.
>
> A Convenção n. 158 dá agasalho ao princípio de justificação da dispensa em seu art. 4º.: 'Não se porá fim à relação de trabalho de um trabalhador, a menos que exista uma causa justificada relacionada com sua capacidade ou sua conduta ou baseada nas necessidades de funcionamento da empresa, estabelecimento ou serviço'. Como se vê, a OIT emprega o método de proibir a dispensa arbitrária: não se dará fim à relação de trabalho ...
>
> O art. 10 da Convenção dispõe que, se o Tribunal do Trabalho perante o qual foi proposta a ação do empregado que se considera injustamente despedido chegar à conclusão de que a dispensa foi realmente injustificada, deverá anular o ato patronal e determinar a readmissão do empregado; mas se, em virtude da legislação ou das práticas nacionais, esta decisão não for possível, deverá determinar o pagamento de uma indenização ou reparação diversa, tida por adequada".[9]

Parte da doutrina compartilha com o apelo de *Arion Sayão Romita*, pela ratificação da Convenção nº. 158, por exemplo, *Renato Rua de Almeida*[10], *Jorge Luiz Souto Maior*[11], *Octavio Bueno Magano*[12] *e Alice Monteiro de Barros*[13].

Eis as lições de *Alice Monteiro de Barros*, *"in verbis"*:

> "Perdemos grande oportunidade de assegurar uma tutela efetiva ao emprego, quando o Brasil ratificou a Convenção Internacional n. 158 da OIT, em 1996. Infelizmente, o Governo Brasileiro denunciou esta norma internacional no mesmo ano, tendo o STF concedido liminar na ADIN-1480-3-DF suspendendo os efeitos da referida Convenção. Afirmavam alguns que ela era incompatível com o art. 7º., I, e com o art. 10, I, do ADCT da Constituição vigente, pois esses dispositivos exigiam lei complementar para regular a matéria. Outros afirmavam que ela regulamentava o término da relação de trabalho pelo empregador, e não a dispensa arbitrária ou a indenização compensatória. De acordo com o art. 1º. do citado instrumento internacional, dever-se-ia dar efetividade aos seus dispositivos, por lei nacional, salvo quando aplicada por meio de convenção coletiva, laudo arbitral ou sentença judicial".[14]

Porém, a lacuna existente em nosso ordenamento jurídico pela não ratificação da Convenção nº. 158 da OIT não confere o direito potestativo puro e simples ao em-

---

9 *In:* ***Direitos fundamentais nas relações de trabalho***. Págs. 360 e 361.

10 *In:* ***O regime geral do Direito do Trabalho contemporâneo sobre a proteção da relação de emprego contra a despedida individual sem justa causa – estudo comparado entre a legislação brasileira e as legislações portuguesa, espanhola e francesa.*** Revista da Ltr. Legislação do Trabalho, v. 3/2007, p. 336-345, 2007.

11 *In:* ***Proteção contra a dispensa arbitrária e aplicação da Convenção nº. 158 da OIT.*** Revista LTr. 68-11/1323 a 1331. Vol. 68, nº. 11, novembro de 2004.

12 *In:* ***Convenção 158 da OIT.*** Artigo publicado em 1996.

13 *In:* ***Curso de Direito do Trabalho.*** Pág. 979.

14 *Idem.* Pág. 979.

pregador para que realize dispensa em massa de trabalhadores sem observância do prévio dever de negociar, sem o respeito ao dever de boa-fé objetiva e aos deveres contratuais anexos, pois, indubitavelmente existe a imperativa obrigatoriedade de respeito à eficácia horizontal dos direitos fundamentais nas relações de trabalho, ainda que na rescisão contratual em massa.

4.2 A NECESSIDADE DE COMPROVAÇÃO POR PARTE DA EMPRESA DAS DIFICULDADES ECONÔMICAS (BOA-FÉ OBJETIVA, DEVER DE LEALDADE, ETICIDADE, SOLIDARIEDADE, DEVER DE INFORMAR, DEVER DE NEGOCIAR)

Os deveres contratuais anexos são cláusulas implícitas aos contratos, inclusive aqueles de natureza trabalhista, com caráter coercitivo e obrigacional para as partes, cujo descumprimento enseja a quebra contratual e a possibilidade de condenação à reparação por perdas e danos.

São diversos os deveres contratuais anexos reconhecidos pela mais moderna doutrina contratualista brasileira, por exemplo, o dever de lealdade das partes contratantes, o dever de cooperação na busca das finalidades do contrato, o dever de reciprocidade, a fidúcia (confiança das partes, criando-se expectativa à outra), o dever de colaboração *"et cetera"*, porém, tratando-se especificamente de situações nas quais as empresas, em decorrência de crises econômicas, almejam a dispensa coletiva de trabalhadores, devendo negociar previamente outras soluções ou os critérios da demissão coletiva, os deveres contratuais mais importantes são: o dever de negociar coletivamente a criação de condições de trabalho que possam ser alternativas à demissão coletiva e o dever de informar sobre as condições nas quais estão sendo cumpridos os contratos laborais e a situação econômica da empresa.

Tais deveres contratuais anexos são acessórios ao dever principal de boa-fé objetiva na realização das obrigações contratuais, logo, por conseguinte, o desrespeito a algum dos deveres contratuais anexos implica necessariamente na violação ao dever contratual de boa-fé objetiva.

Eis as lições de *Teresa Negreiros* sobre os deveres contratuais anexos ao dever de boa-fé objetiva, como segue:

> "A exigência de que as partes se comportem em conformidade com os ditames da boa-fé especializa-se, finalmente, na imposição de deveres instrumentais (também denominados laterais ou anexos), os quais 'não interessam directamente ao cumprimento da prestação ou dos deveres principais, antes ao exacto processamento da relação obrigacional'. Tais deveres, não abrangidos pela prestação principal que compõe o objeto do vínculo obrigacional, caracterizam a correção do comportamento dos contratantes, um em relação ao outro, tendo em vista que o vínculo obrigacional deve traduzir uma ordem de cooperação, exigindo-se de ambos os obrigados que atuem em favor da consecução da finalidade que, afinal, justificou a formação daquele vínculo.
>
> São denominados deveres instrumentais por forma a enfatizar a sua serventia como meio para garantir a consecução do fim do contrato.

> (...)
>
> Muitos desses deveres estarão previstos na lei ou mesmo no instrumento contratual; outros decorrerão do princípio da boa-fé".[15]

Ora, o dever de negociar coletivamente as condições de trabalho além de um direito fundamental do trabalhador caracteriza-se também como um dever anexo (ou instrumental) ao contrato de trabalho, assim, quando qualquer das partes opõe-se à negociação coletiva das condições de trabalho realiza uma quebra contratual pela violação ao dever principal de boa-fé objetiva.

O mesmo se pode dizer quanto ao direito fundamental de informação no cumprimento do contrato de trabalho, pois, é dever anexo (ou instrumental) das partes contratantes informar à outra sobre as condições nas quais o contrato de trabalho está sendo cumprido, tendo-se em vista a existência de expectativa por parte de cada contratante com relação à correção da outra parte contratante no cumprimento do contrato, logo, a omissão de informações necessárias ao bom resultado no cumprimento do pacto caracteriza a quebra da boa-fé objetiva.

O principal aspecto de importância no estudo dos deveres contratuais anexos diz respeito à natureza jurídica de cláusula geral aberta da norma jurídica obtida pela interpretação do art. 422 do Código Civil de 2002, que positiva a boa-fé objetiva no direito comum brasileiro, com aplicação supletiva aos contratos laborais.

Diante da abertura conferida pelo sistema ao magistrado quando da verificação da incidência da cláusula geral de boa-fé objetiva no cumprimento dos contratos de trabalho, e se houve ou não quebra da referida cláusula geral de boa fé, mostra-se pertinente a observância do respeito aos deveres anexos.

Nessa toada, importante é o dever anexo de informar.

O direito fundamental à informação converte-se em dever anexo (ou instrumental) no contrato individual de trabalho. Por isso, pode ser observado por duas vertentes: de um lado o direito fundamental de solicitar informações pertinentes ao cumprimento das obrigações contratuais e de outro lado o dever anexo de que cada parte contratante preste informações atuais e precisas sobre a realização e cumprimento do contratado.

As partes contratantes podem zelar pela presteza nas informações a serem passadas a respeito do cumprimento das obrigações contratuais, havendo que se falar em quebra contratual pela superveniência de situação fática ou jurídica inesperada que acarrete lesão à parte contrária pela ausência de prévia informação sobre as condições do cumprimento das obrigações contratuais.

O direito fundamental à informação, convertido em dever anexo (ou instrumental) ao contrato individual de trabalho, encontra-se expressamente previsto no art. 5º., inciso XIV, da CF/1988, *"in verbis"*:

---

15 *In:* ***Teoria do Contrato: novos paradigmas.*** Págs. 150 e 151.

> "Art. 5º. (...)
>
> Inciso XIV – é assegurado a todos o acesso à informação e resguardado o sigilo da fonte, quando necessário ao exercício profissional;"

Faz-se importante observar a parte final do dispositivo constitucional acima mencionado, pois, diz expressamente que o direito à informação encontra-se assegurado *"quando necessário ao exercício profissional"*, ora, as informações que não dizem respeito ao cumprimento das obrigações contratuais não se inserem no dever anexo de informação, nem mesmo podendo ser exigidas como direito fundamental dos contratantes.

Outra questão a ser esclarecida diz respeito à natureza jurídica de direito fundamental à informação, pois, o inciso XIV do art. 5º. da CF/1988 insere-se no rol de direitos e garantias individuais, por isso, é cláusula pétrea da Carta Constitucional de 1988, nos termos do art. 60, §4º., do próprio texto constitucional, assim sendo, não pode ser modificada ou excluída pelo Poder Constituinte Derivado.

Quanto ao tema objeto do presente livro jurídico, vale ressaltar que, a dispensa coletiva de trabalhadores, ou dispensa em massa, por mais que não encontre disciplina expressa em nosso ordenamento jurídico, que possa impor atos ou procedimento prévio à dispensa, ainda assim não pode esquivar-se da observância do dever prévio de informação sobre as condições da dispensa coletiva de trabalhadores, bem como sobre os motivos da drástica medida a ser tomada, sob pena de caracterização do descumprimento de um dever contratual anexo (ou instrumental) e, por conseguinte, da quebra da boa-fé contratual.

Renato Rua de Almeida leciona com pioneirismo em solo brasileiro sobre a importância do direito fundamental à informação, convertido em dever anexo (ou instrumental) ao contrato de trabalho, remetendo às doutrinas de *Alain Supiot* e de *Habermas*, com base no Direito do Trabalho existente na atual sociedade de massas da informação e da comunicação, como segue:

> "Tais diretrizes gerais da despedida individual, bem como os procedimentos da despedida coletiva, fazem com que o Direito do Trabalho contemporâneo esteja consentâneo com o fenômeno da procedimentalização que informa o direito como um todo, com a chegada da 'sociedade da informação e da comunicação', conforme afirma Alain Supiot, em obra recente, isto é, um direito construído dentro da teoria da comunicação, segundo lição de Jürgen Habermas, vale dizer, um direito operacionalizado por normas reguladoras das relações privadas, onde as decisões são mais negociadas e tomadas entre particulares, do que um direito imposto por normas heterônomas e imperativas, cujas decisões são mais hierarquizadas e unilaterais".[16]

---

16 *In:* ***O regime geral do Direito do Trabalho contemporâneo sobre a proteção da relação de emprego contra a despedida individual sem justa causa – estudo comparado entre a legislação brasileira e as legislações portuguesa, espanhola e francesa.*** Revista da Ltr. Legislação do Trabalho, v. 3/2007, p. 336-345, 2007.

As lições acima transcritas mostram a importância do direito e dever de informar, fazendo uma ligação dever de informação com as fontes autônomas de criação de obrigações contratuais trabalhistas por meio de negociação coletiva, ou seja, o dever de negociar coletivamente.

Assim como o direito fundamental à informação, o direito fundamental à negociação coletiva das condições de trabalho converte-se em dever contratual anexo (ou instrumental) do contrato individual de trabalho.

Renato Rua de Almeida [17] leciona que os deveres anexos (ou instrumentais) são essenciais à estrutura da atual sociedade da informação.

A Constituição Federal de 1988 prevê expressamente o direito fundamental à negociação coletiva de trabalho e à normatização em convenções e acordos coletivos de trabalho das condições de trabalho negociadas coletivamente, *"in verbis"*:

> "Art. 7º. São direitos dos trabalhadores urbanos e rurais, além de outros que visem à melhoria de sua condição social:
>
> XXVI – reconhecimento das convenções e acordos coletivos de trabalho".

Também os §§1º. e 2º., do art. 114 da CF/1988, estabelecem expressamente a prevalência do direito fundamental à negociação coletiva de trabalho sobre outras formas de solução de conflitos coletivos, vejamos:

> "Art. 114. (...)
>
> §1º. Frustrada a negociação coletiva, as partes poderão eleger árbitros.
>
> §2º. Recusando-se qualquer das partes à negociação coletiva ou à arbitragem, é facultado às mesmas, de comum acordo, ajuizar dissídio coletivo de natureza econômica, podendo a Justiça do Trabalho decidir o conflito, respeitadas as disposições mínimas legais de proteção ao trabalho, bem como as convencionadas anteriormente".

O art. 8º., inciso VI, da Constituição de 1988, traz a principal norma jurídica constitucional de validade das normas jurídicas trabalhistas negociadas coletivamente, *"in verbis"*:

> "Art. 8º. (...)
>
> VI – é obrigatória a participação dos sindicatos nas negociações coletivas de trabalho".

Conforme a teoria das normas jurídicas de *Hans Kelsen*, o fundamento de validade das normas jurídicas é sempre uma norma superior que confere competência à

---

[17] *In:* ***O regime geral do Direito do Trabalho contemporâneo sobre a proteção da relação de emprego contra a despedida individual sem justa causa – estudo comparado entre a legislação brasileira e as legislações portuguesa, esphola e francesa.*** Revista da Ltr. Legislação do Trabalho, v. 3/2007, p. 336-345, 2007.

autoridade que poderá editar a norma, independentemente do conteúdo dela, então, observando-se os termos do art. 8º., inciso VI, da Constituição Federal de 1988, trata-se da norma jurídica que confere validade às normas jurídicas oriundas de negociações coletivas de trabalho, pois, confere poderes aos sindicatos para editá-las.

Enfim, o direito fundamental à negociação coletiva de trabalho revela-se pelo direito a que os representantes das categorias profissionais e econômicas celebrem negociações coletivas e editem normas jurídicas trabalhistas negociadas coletivamente, válidas, sobre as condições de trabalho a serem incorporadas pelos contratos individuais de trabalho.

A partir daí surge um outro aspecto, qual seja, o questionamento se o dever de negociar é das entidades sindicais representantes ou das categorias representadas, ora, a melhor resposta é no sentido de que tanto os sindicatos quanto as próprias categorias tem o dever anexo (ou instrumental) de buscar a negociação e a solução dos conflitos.

Por fim, ilustrativas são as palavras de *Ronaldo Lima dos Santos* sobre a importância para a consolidação do Estado Democrático de Direito da positivação do direito fundamental à negociação coletiva, convertido em dever anexo (ou instrumental) de negociar coletivamente as condições de trabalho, como segue:

> "No campo das relações de trabalho, por exemplo, a Constituição de 1988 reconheceu expressamente o poder normativo dos corpos intermediários, ao estabelecer entre os direitos dos trabalhadores o 'reconhecimento das convenções e dos acordos coletivos de trabalho' (art. 7º., inciso XXVI) e prescrever a participação obrigatória dos sindicatos no seu processo de formação, isto é, nas negociações coletivas de trabalho (art. 8º., inciso VI)".[18]

Nessa toada, importante questionamento surge quanto às conseqüências jurídicas de eventual inadimplemento da obrigação contratual de observância aos deveres contratuais anexos (ou instrumentais).

Vale ressaltar que, tal desobediência no cumprimento das obrigações contratuais não caracteriza a hipótese de ato ilícito, ainda que o art. 187 do Código Civil/2002 reporte-se ao dever de boa-fé nas relações jurídicas em geral, mas, precisamente, revela-se como quebra de cláusula contratual implícita ou explícita, nos termos do art. 422 do Código Civil/2002, caso exista ou não previsão expressa no instrumento contratual, podendo-se falar em deveres contidos em cláusulas implícitas dada as novas diretrizes que regem o contratualismo em nossa era.

Logo, em síntese, ainda que inexistentes cláusulas contratuais prevendo expressamente e explicitamente a obrigatoriedade de observância aos deveres contratuais anexos (ou instrumentais), os contratos individuais de trabalho estão regidos pela sistemática contratualista de nosso tempo que traz em suas diretrizes os princípios da socialidade, eticidade e da função social do contrato.

---

18 *In:* ***Teoria das Normas Coletivas.*** Pág. 84.

Por isso, de suma importância é a consagração dos deveres contratuais anexos (ou instrumentais) como cláusulas contratuais implícitas, caso inexistente previsão expressa nos contratos de trabalho.

As consequências pela inobservância dos deveres contratuais anexos podem ser diversas, sendo que, podemos avaliá-las notadamente separando três fases distintas nas quais poderá ocorrer a quebra a algum dever contratual anexo.

Se a inobservância ocorrer quando da celebração do contrato de trabalho, ainda na fase das tratativas, sem que tenha iniciado a vigência, pode-se considerar o contrato de trabalho como eivado de nulidade pela existência de um vício de vontade, pois, o art. 112 do Código Civil/2002 preceitua a necessidade de que a vontade das partes na celebração do contrato prevaleça sobre a forma escrita da contratação, além do mais, o art. 113 do Código Civil/2002 estabelece que a interpretação dos contratos deverá ser realizada conforme a boa-fé objetiva.

Por conseguinte, considerando-se a nulidade do contrato de trabalho pela existência de um vício de vontade na contratação, a parte que der causa à referida nulidade pela violação aos deveres contratuais anexos (ou instrumentais) responderá por perdas e danos causados à outra parte contratante.

Eis a redação dos dispositivos legais acima mencionados, aplicados subsidiariamente aos contratos de trabalho, *"in verbis"*:

> "Art. 112 do CC/2002. Nas declarações de vontade se atenderá mais à intenção nelas consubstanciadas do que ao sentido literal da linguagem".
>
> "Art. 113 do CC/2002. Os negócios jurídicos devem ser interpretados conforme a boa-fé e os usos do lugar da sua celebração".

Caso a violação dos deveres contratuais anexos (ou instrumentais) ocorra no curso da vigência do contrato individual de trabalho, mostra-se possível a afirmação de que houve a rescisão indireta do contrato individual de trabalho, nos termos do art. 483, alínea "d", da CLT, que considera rescindido o contrato individual de trabalho se o empregador não cumprir com as obrigações contratuais, sendo passível de condenação judicial ao pagamento de indenização ao trabalhador pelo próprio empregador. Se a violação aos deveres contratuais anexos (ou instrumentais) ocorrer no curso do contrato individual de trabalho por parte do empregado, estará caracterizada hipótese permissiva de dispensa com justa causa, nos termos do art. 482, alínea "a", da CLT, pela prática de ato de improbidade. Eis a transcrição dos dispositivos legais acima mencionados, *"in verbis"*:

> "Art. 483 da CLT. O empregado poderá considerar rescindido o contrato e pleitear a devida indenização quando:
>
> d) não cumprir o empregador as obrigações do contrato".
>
> "Art. 482 da CLT. Constituem justa causa para rescisão do contrato de trabalho pelo empregador:
>
> a) ato de improbidade".

Em outra situação, caso o inadimplemento da obrigação de respeito e cumprimento aos deveres contratuais anexos (ou instrumentais) ocorra quando da rescisão do contrato individual de trabalho poderá o referido inadimplemento permitir a postulação em juízo do pagamento de indenização por parte do lesado.

Se estivéssemos sob a regência da Convenção nº. 158 da OIT, que veda a dispensa arbitrária, discriminatória ou sem justa causa, poderíamos levantar a hipótese de que a dispensa de empregado, de forma individual ou coletiva (em massa), com desrespeito aos deveres contratuais anexos (ou instrumentais) ensejaria a possibilidade de postulação em juízo da reintegração ao emprego, mas, a Convenção nº. 158 da OIT não foi ratificada pelo Brasil e não existe previsão expressa em nosso ordenamento jurídico da existência de direito à reintegração ao emprego por descumprimento de obrigação contratual principal ou acessória no momento da dispensa. Assim, resta apenas a possibilidade de que a parte lesada no momento da rescisão contratual busque em juízo uma compensação indenizatória.

Assim, apesar da existência de estudiosos com entendimento diverso, é certo que a dispensa coletiva de trabalhadores sem a observância dos deveres contratuais anexos (ou instrumentais) de informar previamente a situação econômica da empresa e as condições de eventual dispensa coletiva, bem como do dever de negociar previamente outras soluções para problemas trabalhistas decorrentes de crises empresariais, pode dar causa a um pleito indenizatório por parte dos trabalhadores lesados, ou pelo sindicato da categoria na condição de substituto processual, sendo pouco provável a existência de direito à reintegração ao emprego.

Tais razões bem se coadunam com a função social do contrato, pois, o descumprimento de deveres anexos (ou instrumentais) por qualquer das partes contratantes, em qualquer fase contratual, ainda que pré-contratual ou pós-contratual, enseja uma ruptura com a sistemática contratualista pós-moderna que tem como diretrizes a socialidade, a eticidade e a função social do contrato.

Sábias são as lições de *Teresa Negreiros* sobre a importância da função social do contrato no direito pós-moderno, bem como a ligação existente entre o princípio da função social do contrato com os deveres contratuais anexos:

> "A noção de função social convida o intérprete a deixar de lado uma leitura do direito civil sob a ótica voluntarista, e a buscar em valores sociais que o ordenamento institui como fundamento de todos os ramos do direito – sejam eles predominantemente todos os ramos do direito – sejam eles predominantemente públicos ou privados – novos horizontes de aplicação dos tradicionais princípios norteadores do direito dos contratos".[19]

[19] *In:* ***Teoria do Contrato: Novos Paradigmas***. Pág. 226.

Capítulo 5

LIMITES EXISTENTES NO ORDENAMENTO JURÍDICO BRASILEIRO PARA A NEGOCIAÇÃO COLETIVA DE TRABALHO

Certamente, a questão mais controvertida alçada no presente livro jurídico refere-se aos limites existentes no ordenamento jurídico brasileiro para as negociações coletivas de trabalho celebradas entre sindicato representante da categoria profissional e os representantes dos empregadores.

A doutrina e a jurisprudência lançam homéricos debates sobre os limites da autonomia negocial coletiva, sendo que, é possível encontrar os mais diversos posicionamentos por parte dos estudiosos.

Todavia, um primeiro obstáculo pode ser retirado do caminho para o deslinde da questão, qual seja, o Tribunal Superior do Trabalho, com respaldo da maioria dos doutrinadores e estudiosos, sustenta firme entendimento no sentido de que as normas de segurança, saúde e medicina do trabalho, postas pelo Estado, não são passíveis de negociação coletiva.

Eis a transcrição dos ensinamentos de *Homero Batista Mateus da Silva* sobre a questão, vejamos:

> "Existe jurisprudência firme do Tribunal Superior do Trabalho retirando a segurança do trabalho do âmbito das normas coletivas, sob o fundamento de que ali existe um núcleo duro do direito do trabalho, infenso à negociação. A questão é bastante controvertida.
>
> De um lado, argumenta-se que a negociação coletiva foi expressamente reconhecida como forma válida e almejada de solução de conflito, pelo art. 7º., XXVI, e pelo art. 114, §1º., ambos da Constituição Federal de 1988. Argumenta-se, ainda, que o art. 7º. autoriza que a norma coletiva reduza os salários do empregado, o que corresponde a um dos itens mais relevantes de uma relação de emprego, donde seria razoável a conclusão de que, sendo assim, outros itens ditos 'menores' no contexto de uma relação de emprego poderiam e deveriam ser liberados para simples negociação sindical.
>
> Ocorre, porém, que em matéria de direito constitucional nem sempre é correta a aplicação das formas de interpretação das leis ordinárias, como o brocardo 'quem pode o mais pode o menos'. Ainda que a Constituição não reivindicasse uma interpretação toda particular – por exemplo, dotando seus dispositivos com a máxima eficácia possível e conclamando o intérprete a fazer uma leitura sistemática de todo seu espectro – já seria suficientemente temerário dizer que a saúde é um tema 'menor' quando comparado com o salário, que seria um tema 'maior'.

> Foi assim que tomou maior vulto o entendimento segundo o qual a norma coletiva está autorizada a aprimorar as condições de trabalho em quase todos os temas laborais, como adicional de hora extraordinária, adicional noturno, cesta básica, estabilidades etc., mas desde que se mantenha afastada do campo da saúde e da segurança do trabalho".[1]

Por certo que, as normas jurídicas trabalhistas estatais protetivas da segurança e da saúde dos trabalhadores são absolutamente indisponíveis, o que as retira do rol de direitos trabalhistas passíveis de negociação coletiva, a não ser que seja *"in mellius"*, por isso, em consonância com as lições de *Arion Sayão Romita*[2], tais normas jurídicas podem ser classificadas como primárias.

Arion Sayão Romita[3] classifica as normas jurídicas trabalhistas em primárias e secundárias, as primeiras teriam por característica a indisponibilidade absoluta e nas segundas a indisponibilidade seria relativa. Assim, os direitos trabalhistas primários protegidos por normas jurídicas primárias não poderiam ser objeto de negociação coletiva, por outro lado os direitos trabalhistas secundários protegidos por normas jurídicas secundárias se sujeitariam a negociação coletiva.

Ilustrativamente, segue a transcrição das lições de *Romita*:

> "A distinção entre direitos primários e secundários pode ser considerada adequada ao direito brasileiro vigente, já que os primeiros se identificariam com os direitos fundamentais assegurados pela Constituição e bem assim pelos tratados internacionais ratificados, enquanto os demais podem constituir objeto de negociação coletiva, autorizada pela própria Constituição. Aqui, toca-se no ponto crucial da indisponibilidade relativa, ou, em outros termos, possibilidade de estipulação in pejus mediante negociação coletiva".[4]

Então, para o mesmo doutrinador[5] as limitações existentes para a negociação coletiva de trabalho *"in pejus"* no ordenamento jurídico brasileiro são as indisponibilidades absolutas dos direitos trabalhistas consagrados pela Constituição de 1988 e os direitos trabalhistas previstos nos Tratados Internacionais ratificados pelo Brasil, sendo que, alguns direitos trabalhistas têm por característica a indisponibilidade relativa, quais sejam, aqueles possíveis de negociação coletiva de trabalho *"in pejus"* por permissão expressa do texto constitucional.

São tais direitos trabalhistas, os que podem ser objeto de negociação coletiva, que interessam ao presente livro jurídico.

Há que se ressaltar ainda a obrigatoriedade de que as negociações coletivas de trabalho respeitem a dignidade humana do trabalhador, observando-se que

---

1 *In:* ***Curso de direito do trabalho aplicado, vol. 3: segurança e medicina do trabalho, trabalho da mulher e do menor.*** Pág. 11.

2 *In:* ***Direitos fundamentais nas relações de trabalho***. Págs. 402 e 403.

3 *Idem.* Págs. 402 e 403.

4 *Idem.* Págs. 402 e 403.

5 *Idem.* Págs. 402 e 403.

a Constituição Federal de 1988, no art. 1º., inciso III, prescreve a dignidade da pessoa humana como fundamento da República Federativa do Brasil e princípio fundamental, cláusula pétrea (nos termos do art. 60, §4º., da CF/1988).

Segundo *Arion Sayão Romita*[6], *"a dignidade da pessoa humana é fundamento do Estado de direito e, também, 'valor supremo da democracia'"*.

Enoque Ribeiro dos Santos[7] expõe sobre os reflexos nas relações coletivas de trabalho da proteção constitucional da dignidade humana:

> "o fundamento da dignidade humana pode ser encarado como o princípio nuclear para a hermenêutica de todos os direitos e garantias conferidos às pessoas, de acordo com o Texto Constitucional. (...) Deste exame poderemos observar a posição predominante ocupada pela dignidade humana no ordenamento máximo do País e seus reflexos nos principais institutos do Direito Coletivo do Trabalho".

Outrossim, a boa-fé objetiva é outro limite a ser observado pela negociação coletiva de trabalho, elevada a categoria de princípio da negociação coletiva de trabalho e de cláusula geral aberta prescritiva de dever às partes.

Eis a transcrição de dois julgados que revelam a obrigatoriedade de observância da boa-fé objetiva nas negociações coletivas, como segue:

> "GRATIFICAÇÃO SEMESTRAL – BASE DE CÁLCULO – FIXAÇÃO EM INSTRUMENTO CONVENCIONAL – VALORIZAÇÃO E PRIORIZAÇÃO DA NEGOCIAÇÃO COLETIVA. É preciso prestigiar e valorizar a negociação coletiva assentada na boa-fé, como forma de incentivo à composição dos conflitos pelos próprios interessados. Condições de trabalho e de salário livremente ajustadas, com objetivo de dissipar razoável dúvida quanto ao alcance de determinada norma, devem ser prestigiadas, sob pena de desestímulo à aplicação dos instrumentos convencionais, hoje alçados ao nível constitucional (art. 7º., inc. XXVI, da CF). Cláusula coletiva que exclui as horas extras do cálculo da gratificação semestral, deve ser prestigiada, até mesmo para se manter todo o pactuado. Recurso de revista parcialmente conhecido e provido". (TST DECISÃO: 20 11 2002, PROC: RR NUM: 650 157 ANO: 2000, REG.: 05, RECURSO DE REVISTA, ÓRGÃO JULGADOR – 4ª. T., Rel. Min. Milton de Moura França, DJ 6.12.2002)
>
> "NEGOCIAÇÃO DE BOA-FÉ. Argüição que não se ajusta com o procedimento adotado. Não procede de boa-fé a parte que recusa a conciliação aceita pelo adversário e, ainda assim, insiste na alegação defensiva de não ter esgotado a negociação coletiva". (TRT 2ª. Reg., AC 2003001745 – SDC, Rel. José Carlos Arouca – DOE SP 8.8.2003)

Portanto, em resumo, as mais importantes limitações encontradas pela negociação coletiva de trabalho em nosso ordenamento jurídico são: os direitos sociais trabalhistas absolutamente indisponíveis previstos na Constituição Federal de 1988,

---

6 *Idem*. Pág. 251.

7 *In*: ***Direitos Humanos na Negociação Coletiva.*** Págs. 42 e 57.

os direitos sociais trabalhistas absolutamente indisponíveis previstos nos Tratados Internacionais, a dignidade da pessoa humana do trabalhador e a boa-fé objetiva das partes pactuantes.

5.1 DIGNIDADE HUMANA DO TRABALHADOR

Nos termos do que dispõe o art. 1º., inciso III, da Constituição Federal de 1988, a dignidade da pessoa humana é fundamento da República Federativa do Brasil e princípio fundamental intocável, *"in verbis"*:

> "Art. 1º. da CF/88. A República Federativa do Brasil, formada pela união indissolúvel dos Estados e Municípios e do Distrito Federal, constitui-se em Estado Democrático de Direito e tem como fundamentos:
>
> I – a soberania;
>
> II – a cidadania;
>
> III – a dignidade da pessoa humana;
>
> IV – os valores sociais do trabalho e da livre iniciativa;
>
> V – o pluralismo político."

Verificando-se nosso ordenamento jurídico, indubitavelmente, a dignidade da pessoa humana enquanto fundamento da República, enquanto razão de existir e de ser do Estado Democrático de Direito, está colocada no centro de toda a esfera de valores formadores de nosso sistema democrático e da unidade nacional.

Nessa linha de raciocínio, podemos verificar que, nas relações jurídicas sociais ou mesmo nas relações de trabalho a dignidade da pessoa humana, enquanto valor máximo do sistema, serve de ponto de equilíbrio diante dos conflitos de interesses que porventura vierem a surgir.

Assim, toda e qualquer negociação coletiva de trabalho, seja *"in mellius"*, seja *"in pejus"*, deve ter sempre como parâmetro a dignidade da pessoa humana do trabalhador.

Ora, por decorrência lógica, da mesma maneira como a dignidade da pessoa humana está colocada como valor máximo, nuclear, da ordem jurídica brasileira, consequentemente, a sistemática tutelar das relações coletivas de trabalho também coloca a dignidade humana como valor jurídico máximo.

Como já profetizaram algumas encíclicas papais, a empresa não pode visar tão somente o lucro e o trabalho não deve objetivar apenas o salário direto (pecuniário), pois, o ser humano deve ser elevado a posição de maior importância do que a obtenção de lucro, mais ainda, a dignidade da pessoa humana deve ser apontada como valor de máxima importância frente a todos os demais valores, inclusive diante do lucro, da livre iniciativa e da liberdade de trabalho.

Veja-se que, no âmbito das relações laborais o poder diretivo do empregador, enquanto poder potestativo ou direito-função (dependendo da corrente doutrinária adotada), encontra seus limites no respeito à dignidade da pessoa humana do trabalhador, portanto, ainda que seja admissível a limitação dos direitos da personalidade do trabalhador nos limites do razoável, não se pode admitir que a limitação a tais direitos da personalidade, diante da necessidade de observância dos interesses da coletividade de trabalhadores, ou em favor do resguardo do direito fundamental à propriedade, desrespeite a dignidade da pessoa humana.

Eis as razões pelas quais a negociação coletiva de trabalho esbarra em um núcleo duro, inegociável, que são as limitações postas por nosso ordenamento jurídico para as negociações coletivas de trabalho, quais sejam, as normas de segurança e medicina do trabalho e os direitos sociais trabalhistas fundamentais previstos na Constituição Federal de 1988 e nos Tratados Internacionais ratificados pelo Brasil.

Sob esse prisma, *Gustavo Tepedino* bem elucida que a conquista da plena tutela à dignidade da pessoa humana, enquanto valor máximo da ordem jurídica, passa, *"a priori"*, pela necessidade de elevação do próprio ser humano, sendo que, somente *"a posteriori"* pode-se vislumbrar a eficácia da tutela reparatória e/ou repressiva. Eis as palavras do acima citado estudioso:

> "A tutela da pessoa humana, além de superar a perspectiva setorial (direito público e direito privado), não se satisfaz com as técnicas ressarcitória e repressiva (binômio lesão-sanção), exigindo, ao reverso, instrumentos de promoção do homem, considerado em qualquer situação jurídica de que participe, contratual ou extracontratual, de direito público ou de direito privado". [8]

Observando-se as palavras de *Tepedino*, acerca da necessidade de uma eficaz prevenção e conscientização da importância da dignidade da pessoa humana para a sistemática jurídica pós-moderna, complementarmente, *Mauricio Godinho Delgado* bem afirma a respeito da centralidade do valor máximo dignidade da pessoa humana em nosso sistema jurídico pátrio. Como segue:

> "O princípio da dignidade da pessoa humana traduz a idéia de que o valor central das sociedades, do Direito e do Estado contemporâneos é a pessoa humana, em sua singeleza, independentemente de seu status econômico, social ou intelectual. O princípio defende a centralidade da ordem juspolítica e social em torno do ser humano, subordinante dos demais princípios, regras, medidas e condutas práticas.
>
> Trata-se do princípio maior do Direito Constitucional contemporâneo, espraiando-se, com grande intensidade, no que tange à valorização do trabalho". [9]

Eis, portanto, as razões que nos levam a compreender a importância do princípio da dignidade da pessoa humana em nossa dogmática jurídica, enquanto fundamento da República Federativa do Brasil (art. 1º., inciso III, da CF/88), enquanto ponto de equilíbrio nas situações de conflitos quando do exercício de direitos fundamentais

---

8 *In:* ***Temas de Direito Civil.*** Págs. 48 e 49.

9 *In:* ***Direitos Fundamentais na Relação de Trabalho.*** Revista LTr. 70-06/661. Vol. 70, nº. 06, junho de 2006.

diversos, enquanto valor máximo e central de nossa ordem jurídica, devendo ser observado *"a priori"* com escopo preventivo e somente *"a posteriori"* sob o prisma reparatório e/ou repressivo, enfim, o núcleo de nosso ordenamento jurídico nacional.

A proteção jurídica da dignidade da pessoa humana dos trabalhadores nas relações coletivas de trabalho insere-se dentro da perspectiva da eficácia horizontal dos direitos fundamentais.

Ora, em nossa ordem jurídica a proteção aos direitos fundamentais ocorre não apenas verticalmente, ou seja, não apenas protegendo-se os direitos fundamentais da pessoa humana frente ao poder estatal, outrossim, a proteção jurídica da dignidade da pessoa humana dos trabalhadores em nosso sistema também ocorre horizontalmente, no âmbito das relações privadas, de um particular frente a outro, inclusive nas relações coletivas de trabalho.

Feitas essas considerações, faz-se importante apontar as elucidativas palavras de *Júlio Ricardo de Paula Amaral* sobre a questão das eficácias dos direitos fundamentais – tradicionalmente vertical e pós modernamente também horizontal –, como segue:

> "(...) o estudo da eficácia dos direitos fundamentais – eficácia vertical e eficácia horizontal – está intimamente ligado à verificação daqueles sujeitos que estão vinculados ou obrigados por essa categoria de direitos, bem como quais os argumentos utilizados para a respectiva vinculação destes entes. De igual sorte, mostra-se como questão primordial, caso de fato exista tal obrigação, analisar a forma de vinculação dos sujeitos aos direitos fundamentais.
>
> (...)
>
> Quando se menciona a eficácia vertical dos direitos fundamentais se está a referir quanto à vinculação dos poderes públicos a essa categoria de direitos. Ocorre, todavia, que não há muita controvérsia acerca da sua incidência nas relações de natureza jurídico-públicas, tendo em vista que, originariamente, segundo a concepção da doutrina liberal – conforme já abordado em capítulo anterior -, os direitos fundamentais se mostram justamente como sendo meios de defesa do cidadão perante o Estado, identificando este como o maior ameaçador dos direitos e liberdades dos indivíduos.
>
> (...)
>
> Tendo em vista a natureza originária com que foram concebidos os direitos fundamentais – direitos de defesa do cidadão perante o Estado -, mostra-se como questão um pouco mais tormentosa aquela referente à sua aplicação no campo das relações jurídico-privadas, ou a vinculação dos particulares a essa categoria de direitos, o que se costumou denominar como eficácia horizontal dos direitos fundamentais, sendo que, no âmbito da doutrina jurídica alemã – onde o tema foi originariamente abordado -, tratou-se do tema utilizando a expressão Drittwirkung der Grundrechte.
>
> Há de se ressaltar que a expressão eficácia horizontal é utilizada para demonstrar que os direitos fundamentais produzem efeitos nas relações privadas, em clara

oposição à eficácia vertical, na qual somente resultam oponíveis às ações praticadas pelos entes públicos, ao contraste entre subordinação e coordenação. Na linguagem jurídica alemã – ordenamento jurídico onde esta discussão alcançou o seu maior nível de desenvolvimento – utiliza-se a expressão Drittwirkung com a finalidade de se referir aos efeitos dos direitos fundamentais perante terceiros".[10]

A negociação coletiva de trabalho nos moldes que propõe o presente trabalho acadêmico, como mecanismo para a busca de soluções de problemas trabalhistas decorrentes de crises empresariais, a fim de que sejam evitadas demissões coletivas (em massa), deve ter como parâmetro principal o respeito à dignidade da pessoa humana dos trabalhadores.

Eis a razão de se ter como certo que as limitações à negociação coletiva de trabalho inseridas no texto constitucional e as sugeridas pela doutrina trabalhista, os direitos sociais fundamentais absolutamente indisponíveis e as normas de segurança e medicina do trabalho, coadunam-se com a sistemática jurídica nacional que coloca a dignidade da pessoa humana do trabalhador no centro do sistema, como valor máximo.

A direito pós-moderno, seguindo as necessidades da sociedade pós-moderna, valoriza a tutela da dignidade da pessoa humana, inclusive a pessoa humana do trabalhador, como objetivo a ser perseguido *"prima facie"* pelo Estado Democrático de Direito e pela comunidade internacional.

Enfim, o presente livro jurídico não se afasta da referida tendência da pós-modernidade, por isso, sustenta que a utilização da negociação coletiva como mecanismo que busca evitar demissões coletivas de trabalhadores, mesmo que mediante uma flexibilização circunstancial da proteção estatal dos direitos sociais trabalhistas, tem por fim maior a tutela da dignidade humana.

5.2 DIREITOS SOCIAIS TRABALHISTAS FUNDAMENTAIS

O legislador constituinte de 1988 seguiu a mesma orientação do anterior texto constitucional de 1967, emendado em 1969, e garantiu os direitos trabalhistas em nível constitucional, inovou ao inseri-los no título que prescreve os direitos e garantias fundamentais, protegidos como cláusulas pétreas (art. 60, §4º., inciso IV, da Constituição Federal de 1988).

Seguindo a mesma linha de raciocínio, elucidativas são as lições de *Pedro Paulo Teixeira Manus*, vejamos:

> "(...) seguiu o novo texto constitucional a sistemática utilizada pelo texto anterior. Todavia, de forma mais ampla, não limita o legislador outros direitos 'nos termos da lei', como fez o legislador de 1969. Vale dizer que estimula tal melhoria da condição social via negocial.
>
> (...)

---

10 *In:* ***Eficácia dos Direitos Fundamentais nas Relações Trabalhistas.*** Págs. 52 e 57.

> Com efeito, não se pode esquecer que no âmbito do direito do trabalho a lei constitucional, abaixo dela a lei complementar e abaixo desta a lei ordinária estabelecem o mínimo garantido ao trabalhador, nada obstando, porém, que outras vantagens venham a estas se agregar oriundas da vontade dos contratantes".[11]

Amauri Mascaro Nascimento[12] entende que nem todos os direitos trabalhistas consagrados constitucionalmente são direitos fundamentais, pois, segundo *Mascaro Nascimento*, alguns direitos trabalhistas constitucionalizados não deveriam estar no texto constitucional, daí não terem *"status"* de direitos fundamentais, outros prescritos na legislação infraconstitucional e não constitucionalizados são fundamentais, porque deveriam estar no texto constitucional. Então, de acordo com o entendimento de *Mascaro Nascimento* alguns direitos trabalhistas, ainda que inseridos no texto constitucional, não são fundamentais, daí não serem cláusulas pétreas.

Por sua vez, *Sayão Romita* traz uma completa definição de direitos fundamentais, como segue:

> "Fixadas essas premissas, pode-se definir direitos fundamentais como os que, em dado momento histórico, fundados no reconhecimento da dignidade da pessoa humana, asseguram a cada homem as garantias de liberdade, igualdade, solidariedade, cidadania e justiça. Este é o núcleo essencial da noção de direitos fundamentais, aquilo que identifica a fundamentalidade dos direitos. Poderiam ser acrescentadas as notas acidentais de exigência do respeito a essas garantias por parte dos demais homens, dos grupos e do Estado e bem assim a possibilidade de postular a efetiva proteção do Estado em caso de ofensa".[13]

Prossegue o mesmo doutrinador, fazendo uma relação dos direitos fundamentais com a dignidade da pessoa humana:

> "Os direitos fundamentais repousam sobre o valor básico do reconhecimento da dignidade da pessoa humana. Sem este reconhecimento, inviabiliza-se a própria noção de direitos fundamentais".[14]

Exposta a controvérsia existente em sede doutrinária sobre a natureza de direitos fundamentais dos direitos trabalhistas constitucionalizados, prevalecendo o entendimento de que os direitos trabalhistas prescritos na Constituição Federal de 1988 são todos fundamentais e, portanto, cláusulas pétreas, somente podendo ser reduzidos por negociação coletiva de trabalho, nas hipóteses expressamente previstas no texto constitucional, resta analisar a característica de direitos sociais.

Por fim, cabe dizer que os direitos trabalhistas são direitos sociais porque guardam relação com a segunda geração ou dimensão de direitos humanos, esta que buscou a proteção dos direitos econômicos, políticos e sociais.

---

11 *In:* ***Direito do Trabalho.*** Págs. 275 e 276.

12 *In:* ***Curso de Direito do Trabalho***. Pág. 492.

13 *In:* ***Direitos fundamentais nas relações de trabalho***. Pág. 36.

14 *Idem*. Pág. 37.

5.3 A BOA-FÉ OBJETIVA

Amauri Mascaro Nascimento leciona que as negociações coletivas de trabalho devem observar ao princípio da boa-fé objetiva (hoje, a partir da vigência do Código Civil Brasileiro de 2002, direito e dever de boa-fé objetiva, uma obrigação jurídica, nos termos da prescrição contida no art. 422 do Código Civil Brasileiro de 2002), sendo que, em um modelo no qual existisse plena liberdade sindical seria possível afirmar que a boa-fé objetiva encontra respaldo pela ordem jurídica na medida em que os trabalhadores têm resguardado o direito de escolha da entidade sindical que os representará durante o procedimento de negociação das condições de trabalho, *"in verbis"*:

> "A boa-fé é princípio básico da negociação, inspirador da confiança mútua das partes. Os trabalhadores devem ter o direito de escolher as representações sindicais que em nome deles atuarão nas negociações". [15]

O procedimento de dispensa coletiva de trabalhadores, também conhecido como dispensa em massa, não encontra regulamentação específica em nosso ordenamento jurídico, o que não isenta o empregador de observar alguns deveres e obrigações inerentes ao próprio contrato de trabalho.

Eis o objeto central do presente livro jurídico,, qual seja, o dever de negociar coletivamente previamente à realização de dispensa coletiva, sob pena de violação ao dever contratual de boa-fé objetiva nas condutas de ambas as partes.

Recentemente, em 19 de fevereiro de 2009, a Embraer (Empresa Brasileira de Aeronáutica) e a Eleb Embraer Ltda. (pertencente ao mesmo grupo econômico da primeira) procederam a dispensa coletiva de 20% do total de seus trabalhadores, o equivalente a 4.400 trabalhadores, do total efetivo de 22.000 trabalhadores. O fato tornou-se notório no meio jurídico, sendo objeto de dissídio coletivo perante o Tribunal Regional do Trabalho da 15ª. Região/Campinas.

Assim, a boa-fé objetiva deve ser observada nas relações laborais.

O Código Civil de 2002 inovou ao positivar a cláusula geral de boa-fé objetiva em nosso ordenamento jurídico pátrio, nestes termos, conforme o disposto no art. 422 da referida codificação, a boa-fé objetiva deve ser observada nas relações jurídicas obrigacionais como norma jurídica de caráter coercitivo, cujo conteúdo é aberto cabendo ao magistrado verificar frente ao caso concreto a existência de violação ou não à referida cláusula de boa-fé.

Eis a transcrição do referido dispositivo legal, *"in verbis"*:

> "Art. 422 do CC/2002. Os contratantes são obrigados a guardar, assim na conclusão do contrato, como em sua execução, os princípios de probidade e boa-fé."

---

15 *In:* ***Compêndio de Direito Sindical.*** Pág. 415.

Então, conforme afirmação de *José Roberto de Castro Neves*[16], a cláusula geral de boa-fé pode ser entendida como um alargamento das cláusulas contratuais, inserindo novos deveres e direitos aos contratantes.

O Código de Defesa do Consumidor já trazia no seu bojo a boa-fé objetiva como cláusula geral, de caráter coercitivo, a integrar e dilatar a extensão das cláusulas contratuais, devendo o magistrado aplicá-la conforme o caso concreto.

Eis a transcrição do art. 4º., inciso III, da Lei nº. 8.078/1990 (CDC), que positiva em nosso ordenamento jurídico a boa-fé objetiva como princípio geral dos contratos de consumo, *"in verbis"*:

> "Art. 4º. do CDC. (...)
>
> Inciso III: harmonização dos interesses dos participantes das relações de consumo e compatibilização da proteção do consumidor com a necessidade de desenvolvimento econômico e tecnológico, de modo a viabilizar os princípios nos quais se funda a ordem econômica (art. 170 da Constituição Federal), sempre com base na boa-fé e equilíbrio nas relações entre consumidores e fornecedores."

Os contratos de trabalho estão sujeitos à observância da cláusula geral de boa-fé objetiva prevista no art. 422 do CC/2002, diante da existência de lacuna quanto à disciplina da matéria na legislação trabalhista, nos termos do art. 8º., parágrafo único, da CLT.

Então, o magistrado trabalhista frente ao caso concreto levado a juízo deve observar a existência de boa-fé objetiva no cumprimento das obrigações contratuais, com o elastecimento das cláusulas contratuais trabalhistas.

Flávio Tartuce[17] menciona a edição do Enunciado nº. 26 pelo Conselho da Justiça Federal, no qual resta consignada a imposição ao magistrado para que interprete os contratos segundo a cláusula geral de boa-fé objetiva, o que também vale para os contratos de trabalho. Eis a transcrição do Enunciado:

> "Enunciado nº. 26 do Conselho da Justiça Federal. A cláusula geral contida no art. 422 do novo Código Civil impõe ao juiz interpretar e, quando necessário, suprir e corrigir o contrato segundo a boa-fé objetiva, entendida como exigência de comportamento leal dos contratantes."

Então, depois de analisada a sistemática jurídica brasileira, cabe a menção de alguns conceitos doutrinários acerca da cláusula geral de boa fé.

Para *José Roberto de Castro Neves*, o conceito de boa-fé objetiva:

> "Como não poderia deixar de ser, o conceito de boa-fé objetiva traz consigo um critério valorativo, que, como ensina Betti, não é por si forjado pelo direito, mas que o direito assume e recebe da consciência ética da sociedade, para o qual ele

16 *In:* ***Boa-fé objetiva: posição atual no ordenamento jurídico e perspectivas de sua aplicação nas relações contratuais.*** Revista Forense nº. 351.

17 *In:* ***A boa-fé e a mitigação do prejuízo pelo credor.*** www.flaviotartuce.adv.br

foi destinado a valer. A averiguação da conduta adequada dependerá, assim, dos valores da sociedade".[18]

A aplicabilidade do princípio da boa-fé objetiva aos contratos de trabalho, conforme cláusula geral preceituada no art. 422 do CC/2002, é sustentada por *Amauri Mascaro Nascimento*[19], acompanhado da opinião da mais respeitada doutrina "*justrabalhista*" brasileira.

Nesse mesmo sentido, *Alice Monteiro de Barros*, inspirada nas lições de *Plá Rodriguez*, apresenta entendimento doutrinário, majoritário nos dias atuais, afirmando que o dever de boa-fé objetiva deve ser observado nos contratos de trabalho, vejamos:

> "Plá Rodriguez arrola, ainda, o princípio da boa-fé, o qual, na nossa opinião, não é peculiar ao Direito do Trabalho, mas comum a todos os ramos do Direito, atuando em várias fases da relação jurídica, inclusive nas negociações preliminares, como, aliás, já se infere de alguns Códigos Civis, entre os quais o de Portugal e o da Itália. O nosso Código Civil de 2002 também faz alusão à boa-fé no art. 422, Título V, que trata dos contratos, em geral, e do contrato preliminar, em especial.
>
> Esse princípio possui uma dimensão objetiva, que incide no direito obrigacional como regra de conduta segunda a qual as partes deverão comportar-se com lealdade recíproca nas relações contratuais. Em sua dimensão subjetiva, a boa-fé assenta-se na crença que induz uma parte a agir equivocadamente, mas na absoluta convicção de que não está lesando interesses juridicamente protegidos".[20]

Eis a compreensão a se ter a respeito do dever de boa-fé nos limites do ordenamento jurídico brasileiro, ou seja, trata-se de cláusula geral aberta, nos termos do Código Civil de 2002 aplicado subsidiariamente ao Direito do Trabalho, a ser observada desde a fase de celebração do contrato de trabalho, ainda durante toda a fase de execução, até a pós contratualidade.

Pelo todo o exposto, pode-se compreender que eivadas de nulidade são a dispensas coletivas efetuadas sem o prévio respeito ao dever de boa-fé objetiva, ou ao menos, existe o direito à reparação pelos danos sofridos pelos trabalhadores demitidos repentinamente sem que a empregadora tentasse amenizar preventivamente as consequências oriundas de eventual crise empresarial, sem que fosse extremamente necessária a despedida em massa, sem que se utilizasse do mecanismo da negociação coletiva com boa-fé em busca de outra solução.

---

18 *In*: ***Boa-fé objetiva: posição atual no ordenamento jurídico e perspectivas de sua aplicação nas relações contratuais.*** Revista Forense nº. 351.

19 *In*: ***Curso de Direito do Trabalho.*** Pág. 364.

20 *In*: ***Curso de Direito do Trabalho.*** Págs. 187 e 188.

5.4 UTILIZAÇÃO DE CRITÉRIOS OBJETIVOS NA NEGOCIAÇÃO COLETIVA VOLTADA À "FLEXIBILIZAÇÃO CIRCUNSTANCIAL DOS DIREITOS TRABALHISTAS".

Outro limite existente quando da celebração de convenção ou acordo coletivo laboral é que as cláusulas sigam critérios objetivos, devendo ser afastada qualquer subjetividade na flexibilização circunstancial de direitos trabalhistas.

Ora, tendo-se em vista que o tema do presente livro versa sobre a "flexibilização circunstancial de direitos trabalhistas" como mecanismo eficiente para a busca de soluções em momentos de crises empresariais, certo é que os pactuantes devem agir com probidade e afastar cláusula que dê tratamentos diferenciados a trabalhadores utilizando-se de critérios subjetivos de diferenciação.

Então, levando-se ao campo prático, se for necessária a redução da jornada de trabalho de trabalhadores de apenas um setor da empresa, como admite a Constituição Federal de 1988 (art. 7º., inciso XIII, do texto constitucional), ou mesmo, caso seja necessária a compensação de horários trabalhados e não trabalhados de apenas um grupo de trabalhadores na empresa (art. 7º., inc. XIII, da CF/1988), tal diferenciação deve ser devidamente justificada mediante a apresentação de critérios objetivos, evitando-se tratamento discriminatório.

Mais razão ainda haverá caso inexista qualquer solução menos prejudicial aos trabalhadores a ser encontrada mediante negociação coletiva de trabalho, fazendo-se necessária a demissão coletiva de trabalhadores (a temida demissão em massa) pela empresa em crise, nesse caso, a negociação coletiva de trabalho será o mecanismo hábil para a seleção dos trabalhadores que serão demitidos, impedindo-se com isso a discriminação de trabalhadores na demissão.

Ora, a negociação coletiva de trabalho necessariamente resultará na celebração de uma convenção coletiva de trabalho ou de um acordo coletivo de trabalho cujo objeto principal será a conquista de um consenso entre patrão e representantes dos trabalhadores sobre o procedimento da inevitável dispensa coletiva de trabalhadores, a fim de que seja possível a preservação da empresa a preservação dos empregos da maioria de trabalhadores, sendo que, serão estabelecidos critérios objetivos de escolha dos demitidos, sem discriminação.

Portanto, eis as razões para se considerar a utilização de critérios objetivos como limite básico da negociação coletiva de trabalho.

5.5 "PATAMAR MÍNIMO CIVILIZATÓRIO": ANÁLISE DAS LIÇÕES DE MAURICIO GODINHO DELGADO

Godinho Delgado[21] ensina que a noção histórica de Direitos Fundamentais acompanha a noção de Direito do Trabalho, sendo o ramo trabalhista aquele que mais se aproxima dos propósitos buscados pelos Direitos Fundamentais.

---

[21] *In:* ***Direitos Fundamentais na Relação de Trabalho.*** Revista LTr. 70-06/658. Vol. 70, nº. 06, junho de 2006.

Neste diapasão, o doutrinador citado[22] sustenta o entendimento de que o Direito do Trabalho consolida-se como o ramo jurídico com maior aptidão a propiciar a conquista da cidadania social e da dignidade da pessoa humana, mediante a realização do trabalho, que permite a distribuição de renda e a distribuição do poder na sociedade capitalista.

Lembra-nos o mesmo estudioso acima que a valorização do trabalho humano está *"repetidamente enfatizada pela Carta Constitucional de 1988"*.[23]

Entendendo que o emprego protegido por normas jurídicas de índole constitucional, protetivas do mínimo de direitos trabalhistas necessários à *"inserção do trabalhador na arena sócio-econômico capitalista"*, possibilita a Justiça Social, *Godinho Delgado* [24] defende a existência de um *"patamar mínimo civilizatório"*.

Tal *"patamar mínimo civilizatório"*, defendido pelo jurista mineiro[25], como o mínimo a ser garantido aos trabalhadores para a conquista da cidadania e da Justiça Social, revela-se pela impossibilidade de supressão dos direitos trabalhistas prescritos nas normas protetoras do trabalho do menor e da mulher, dos direitos sociais fundamentais, da segurança e da saúde nas relações laborais e dos direitos trabalhistas consagrados nos Tratados Internacionais (Convenções da OIT).

Ora, em cotejo com o tema da negociação coletiva, pode-se afirmar que o *"patamar civilizatório mínimo"* aponta limites as tratativas coletivas.

Assim, as convenções coletivas e os acordos coletivos de trabalho devem ser analisados sob a perspectiva da adequação setorial negociada.[26]

Pelo princípio da adequação setorial negociada são dois os critérios que limitam o negociado coletivamente.

Em primeiro lugar, *"as normas autônomas juscoletivas devem implementar um padrão setorial de direitos superior ao padrão geral oriundo da legislação heterônoma aplicável"*.[27]

Ou seja, as convenções e os acordos coletivos de trabalho podem transacionar condições trabalhistas mais benéficas para a classe trabalhadora.

Em segundo lugar, *"as normas autônomas juscoletivas podem transacionar setorialmente parcelas justrabalhistas de indisponibilidade apenas relativa – não de disponibilidade absoluta"*.[28]

---

22 *Idem.*

23 *Idem.*

24 *Idem.*

25 *In: **Curso de Direito do Trabalho.***

26 Teodoro, Maria Cecília Máximo. ***O princípio da Adequação Setorial Negociada no Direito do Trabalho.*** Pág. 77.

27 *Idem.* Pág. 98.

28 *Idem.* Pág. 98.

Indubitavelmente, para os propósitos do presente livro mais interessa o segundo critério acima transcrito, ou seja, as negociações coletivas de trabalho não adentrar no campo dos direitos trabalhistas absolutamente indisponíveis, sendo possível apenas a transação coletiva dos direitos trabalhistas relativamente indisponíveis (irrenunciáveis).

O *"patamar mínimo civilizatório"* insere-se no campo dos direitos trabalhistas absolutamente irrenunciáveis, logo, não podem ser objeto de negociação coletiva, ainda que seja nas crises empresariais.

Ora, a "flexibilização circunstancial de direitos trabalhistas", como forma de solução dos problemas trabalhistas empresariais, alcança apenas os direitos trabalhistas relativamente irrenunciáveis.

Poder-se-ia cogitar a respeito do direito de irredutibilidade salarial, pela estranheza em inseri-lo como relativamente irrenunciável, mas, tendo-se em vista que a própria CF/1988 (art. 7º., inc. VI) permitiu a redução mediante convenção ou acordo coletivo, devemos considerá-lo como direito relativamente irrenunciável.

O *"patamar mínimo civilizatório"* abrange as normas constitucionais, as normas oriundas dos tratados e aquelas que garantem a cidadania do trabalhador.

Enfim, a proposta apresentada pelo presente livro não destoa do *"patamar mínimo civilizatório"* defendido por *Godinho Delgado*, pois, a "flexibilização circunstancial" em momentos de crises empresariais busca proteger o emprego, garantir a sobrevivência dos trabalhadores e somente deve ser feita nos limites permitidos por nosso ordenamento jurídico pátrio.

Capítulo 6

ANÁLISE DE CASOS ESPECÍFICOS: JURISPRUDÊNCIA BRASILEIRA

Desde meados do ano de 2008 até meados do ano de 2009 o mundo conheceu uma das mais graves crises econômicas existentes na história da humanidade, eis a boa oportunidade ofertada pelo presente livro para a discussão do tema em congruência com toda a teoria apresentada.

Principalmente a maioria dos países desenvolvidos ou em desenvolvimento existentes no lado ocidental sofreram fortes abalos na economia e também as empresas tiveram reflexos na sua produção e no consumo, o que acarretou em sérios problemas na organização das relações de trabalho.

No Brasil, não foram poucos os casos de despedida coletiva de trabalhadores (despedida em massa), sendo que, muitos casos chegaram aos tribunais trabalhistas pátrios e outros tantos encontraram sucesso nas negociações coletivas de trabalho.

Então, foram selecionados 3 (três) acórdãos nos quais 3 (três) dos mais importantes tribunais no país debateram com afinco as questões envolvendo a dispensa coletiva de trabalhadores, sendo que, os argumentos tiveram como pontos de destaque a análise do dever de negociar coletivamente, a boa-fé objetiva, o direito à informação, o tratamento dado pela legislação trabalhista às dispensas em massa (coletivas), a possibilidade de reintegração dos trabalhadores demitidos repentinamente em massa, o pagamento de indenização aos demitidos, as lacunas da legislação trabalhista e o sindicalismo brasileiro.

Entre tantos casos jurídicos surgidos no Brasil nos últimos anos, envolvendo a dispensa coletiva de trabalhadores e o dever de negociar coletivamente outros caminhos menos prejudiciais aos trabalhadores, foram selecionados os instigantes acórdãos de julgamento do "caso Embraer" e do "caso Usiminas", além do que foi escolhido um terceiro acórdão a ser analisado por este livro de julgamento do *"caso Amsted Maxion"*.

Certamente, uma análise do julgamento de casos recentes envolvendo o objeto do presente livro jurídico só vem a ilustrar esta dissertação de mestrado, aliando ensinamentos teóricos com questões práticas.

Assim, amarrando toda a teoria desenvolvida até o presente momento segue a análise de alguns casos reais julgados pelos tribunais trabalhistas pátrios.

6.1 "CASO EMBRAER" (PROCESSO TRT 15ª REGIÃO/CAMPINAS SDC 00309.2009.000.15.00.4 E PROCESSO TST 207660/2009-000-00-00.7)

Uma crise econômica internacional, iniciada nos Estados Unidos da América no ano de 2008, com efeitos produzidos ainda nos dias atuais, interferiu gravemente no mundo das relações de trabalho.

Por certo, como bem observa *Amauri Mascaro Nascimento*[1], a crise econômica atual, como outras crises econômicas passadas, não teve origem nas próprias relações de trabalho e não é questão pertinente exclusivamente ao Direito do Trabalho, porém, qualquer crise econômica há que conviver necessariamente com o Direito do Trabalho, sendo imperativo que nosso ordenamento jurídico tenha instrumentos para combatê-la.

São as palavras do notório estudioso, como segue:

> *"Crise econômica é fenômeno episódico.*
>
> *Tem várias dimensões. Anda de mãos dadas com as variações do sistema econômico mundial, nacional e empresarial e, por conseqüência, com o problema dos empregos e a necessidade da sua manutenção. Assim, é companheira, por mais que se queira evitá-la, do Direito do Trabalho. É correta a culpabilização do Direito do Trabalho a respeito das consequências da crise econômica? Evidentemente, não. Suas causas são outras, como ficou a todos evidenciado com a crise de 2008 que começou nos Estados Unidos da América, país no qual o ordenamento jurídico sequer é legislado – salvo raríssimas leis – e é fundamentalmente negociado entre os sindicatos e empresas".*[2]

Ora, a demissão coletiva de aproximadamente 4.400 (quatro mil e quatrocentos) trabalhadores pela Embraer em 19 de fevereiro de 2009 ocorreu dentro do contexto da crise econômica mundial, iniciada nos Estados Unidos da América em 2008, mencionada por *Amauri Mascaro Nascimento* no texto acima.

A referida crise econômica colocou em risco empregos em diversos países do mundo, não apenas no Brasil, sendo que, cada país procurou domar os efeitos maléficos da crise com os instrumentos para preservação de empregos oferecidos pelo respectivo ordenamento jurídico.

As saídas apresentadas foram as seguintes: a suspensão de contratos de trabalho, a redução da jornada de trabalho, a utilização de bancos de horas, a redução salarial temporária, a concessão de férias coletivas, a criação de programas de dispensa voluntária (PDV), o corte de benefícios concedidos aos empregados por liberalidade patronal em negociação coletiva, a proibição de trabalho em horas extras e a dispensa coletiva de trabalhadores como medida drástica (*"ultima ratio"*).

---

1 *In:* ***Crise Econômica, Despedimentos e Alternativas para a Manutenção dos Empregos***. Revista da LTr. 73-01/07, vol. 73, nº. 01, janeiro de 2009.

2 *Idem.*

Faz-se importante observar que a despedida coletiva de trabalhadores está colocada como medida drástica e *"ultima ratio"*, devendo as empresas preferir a busca de medidas menos lesivas.

Mas, muitas empresas supostamente afetadas pela crise econômica procederam à demissão coletiva de trabalhadores sem a busca de outras medidas menos drásticas, sustentadas no fundamento jurídico da existência de direito potestativo do empregador de dispensar trabalhadores sem justa causa.

O *"caso Embraer"* merece atenção por parte dos estudiosos, servindo de exemplo no presente trabalho que busca abordar a utilização da negociação coletiva como direito a ser respeitado antes de prévia demissão coletiva (em massa).

Enfim, relembrando as lições, acima mencionadas, de *Amauri Mascaro Nascimento*, cada país deve procurar conter os reflexos da crise econômica sobre as relações de trabalho com os instrumentos disponibilizados pelo respectivo ordenamento jurídico, mas, conclui o mesmo doutrinador que no Brasil não existem instrumentos jurídico-trabalhistas adequados para preparação das empresas para o enfrentamento de crises econômicas, vejamos:

> "Entendemos que o nosso sistema de leis trabalhistas não está devidamente preparado para o enfrentamento de crises econômicas em qualquer de suas dimensões ..."[3]

O *"Caso Embraer"* envolve, basicamente, um conflito entre valores, ambos essenciais ao Estado Democrático de Direito, quais sejam, a preservação da empresa *versus* a proteção ao emprego.

Fran Martins leciona sobre o princípio da preservação da empresa:

> "Não se trata de assunto simples e de solução preparada, mas da reforma de princípios e conceitos em torno da preservação da empresa em crise. Sabemos que as leis, prestigiando o modelo neoliberal e globalizante, propugnam uma concentração cada vez maior e o afunilamento em torno da transparência dos negócios econômicos".[4]

Assim, pode-se afirmar que a Embraer, sob a justificativa de que buscava a sua própria sobrevivência em um competitivo mercado, com base no princípio da preservação da empresa, procedeu a dispensa coletiva e imotivada de aproximadamente 4.400 (quatro mil e quatrocentos) trabalhadores, o que corresponde a cerca de 20% (vinte por cento) do total de trabalhadores da empresa, alegando que tal medida não é vedada em nosso ordenamento, que confere o direito potestativo ao empregador de rescindir os contratos de trabalho sem justa causa.

Por outro lado, a categoria profissional dos trabalhadores nas indústrias metalúrgicas e de material elétrico, representada pela respectiva entidade sindical, depois da

---

3 *Idem.*

4 *In:* ***Curso de Direito Comercial***. Pág. 459.

despedida coletiva efetuada pela Embraer em 19 de fevereiro de 2009, ajuizou dissídio coletivo de natureza jurídica perante o Tribunal Regional do Trabalho da 15ª. Região – Campinas, pleiteando a declaração da nulidade das dispensas e a reintegração dos empregados, principalmente sob o fundamento de que, apesar da inexistência da exigência de procedimento específico para despedidas coletivas em nosso sistema, a Embraer descumpriu com os deveres contratuais anexos de informar e negociar, e faltou com a boa-fé objetiva.

O referido dissídio coletivo de natureza jurídica foi distribuído e autuado em 26 de fevereiro de 2009, data na qual foi concedida liminar pelo Des. *Luís Carlos Cândido Martins Sotero da Silva* para determinar a suspensão das rescisões contratuais realizadas pela Embraer desde 19 de fevereiro de 2009.

Faz-se interessante notar que, a decisão concessiva da liminar emanada da competência originária do Tribunal Regional do Trabalho da 15ª. Região – Campinas, por parte do Desembargador *Luís Carlos Cândido Martins Sotero da Silva*, apresentou como fundamentos jurídicos para a concessão da tutela cautelar o descumprimento de deveres contratuais anexos (ou instrumentais) pela suscitada, Embraer, principalmente pela inobservância do dever anexo de negociar medidas menos drásticas, preferenciais à dispensa em massa, considerada a *"ultima ratio"*, e pelo desrespeito ao dever de informar previamente as condições das dispensas e as condições econômico-financeiras da empresa.

Eis a transcrição dos fundamentos da decisão concessiva da liminar, pelo Tribunal Regional do Trabalho da 15ª. Região, no *"Caso Embraer"*:

> "... não se pode olvidar que as organizações empresariais possuem relevante papel no desenvolvimento social e econômico do país e, nesse contexto, surge o conceito de responsabilidade social da empresa, que deve, inclusive orientar a contratação e demissão (sobretudo em massa) dos seus funcionários. Diante de todo o exposto, mediante a realização de uma cognição sumária, tenho por configurado, no caso em tela, o relevante fundamento da impossibilidade de se proceder a demissões em massa sem prévia negociação sindical ..."[5]

A decisão final proferida no dissídio coletivo de natureza jurídica manteve os próprios fundamentos da liminar, entendendo pela existência de descumprimento dos deveres anexos de informar e negociar, com isso condenou a Embraer ao pagamento de indenização compensatória ao demitidos, sem direito à reintegração ao emprego.

Todavia, em 13 de abril de 2009, o Ministro Presidente do Tribunal Superior do Trabalho, *Milton de Moura França*, deferiu o pedido de liminar para concessão de efeito suspensivo a decisão do Recurso Ordinário interposto pela Embraer contra o acórdão proferido pelo Tribunal Regional do Trabalho da 15ª. Região. O entendimento

---

[5] Processo TRT/Campinas 15ª. Região nº. 00309-2009-000-15-00-4 DC – "Caso Embraer" – Des. Relator José Antonio Pancotti – 27/03/2009.

do Ministro Presidente do Tribunal Superior do Trabalho, *Milton de Moura França*, restou sustentado nos seguintes argumentos:[6]

- as dispensas em massa estavam alicerçadas em comprovada dificuldade financeira pela qual ainda passa a Embraer;
- não houve violação ao art. 7º., inciso I, da CF/1988;
- inexiste o dever contratual anexo de negociar previamente a dispensa coletiva de trabalhadores, por falta de amparo legal;
- não existe norma jurídica em nosso ordenamento que imponha o dever de negociar a dispensa coletiva de trabalhadores;
- restaram plenamente demonstradas nos autos as gravíssimas repercussões negativas da crise econômica sobre a Embraer;
- restou motivada a dispensa coletiva de trabalhadores;
- quase todos os seguimentos produtivos no país estão sofrendo com os efeitos da crise;
- a Embraer exerceu o seu direito potestativo de rescindir os contratos de trabalho, com o pagamento das verbas devidas;
- os trabalhadores demitidos não estavam protegidos por qualquer estabilidade no emprego ou garantia de emprego;
- a dispensa coletiva visou a preservação da capacidade produtiva da empresa e de milhares de outros empregos;
- a dispensa coletiva de trabalhadores encontrou respaldo no princípio da legalidade;
- a necessidade de observância da segurança jurídica, evitando-se instabilidade no sistema;
- não houve ofensa à dignidade humana.

Aqueles que atacam a dispensa coletiva de trabalhadores por parte da Embraer afirmam que houve quebra da boa-fé objetiva, diante da ocorrência das figuras do *"tuo quoque"* e do *"non venire contra factum proprio"*.

As figuras jurídicas conhecidas como *"tuo quoque"* e *"non venire contra factum proprio"* coadunam-se com a idéia de boa-fé objetiva.

---

6 Processo nº. TST-ES-207660/2009-000-00-00.7 – "Caso Embraer" – Min. Presidente Milton de Moura França – 13 de abril de 2009.

O *"non venire contra factum proprio"* reflete a tutela da confiança nas relações jurídicas, a vedação de comportamento contraditório e incoerente pela parte contratante. Trata-se de princípio implícito existente em nosso ordenamento jurídico, que guarda origens históricas desde o direito romano, mas, que não foi expressamente adotado pelos nossos legisladores pátrios, apenas implicitamente, seja na legislação trabalhista, na legislação civilista ou nas leis esparsas, todavia, são vários os dispositivos legais existentes no Código Civil de 2002 que vedam a proibição do comportamento contraditório em situações específicas.

Anderson Schreiber [7] relata a existência de diversos dispositivos legais, para situações específicas, na codificação civilista, proibitivos da prática de comportamento contraditório com outro comportamento anterior praticado pela mesma parte contratante, quais sejam: os arts. 175, 476, 491 e 619 do CC/2002.

O mesmo *Anderson Schreiber* [8] sustenta o entendimento de que apesar da inexistência de um dispositivo legal que expressamente acate em nosso ordenamento jurídico o princípio da proibição do comportamento contraditório, pela observância dos dispositivos legais, acima mencionados, que vedam a contradição de comportamento em situações específicas, podemos concluir pela existência de um princípio implícito da vedação de comportamento contraditório.

Eis a transcrição das palavras de *Scheriber* pela existência de um princípio implícito do *"non venire contra factum próprio"*, vejamos:

> "Em todas estas normas específicas, apesar das inúmeras diferenças entre elas, pode-se vislumbrar uma preocupação subjacente comum em evitar as conseqüências de uma inesperada mudança de comportamento, de uma incoerência, de uma contradição com uma conduta anterior adotada pela mesma pessoa. Seria possível falar, assim, em um princípio implícito de proibição ao venire contra factum proprium". [9]

Teresa Negreiros informa que, o princípio do *"non venire contra factum proprio"*, assim como o princípio conhecido como *"tuo quoque"*, ambos oriundos da necessidade de tutela da confiança nas relações contratuais, em conexão com o dever de boa-fé objetiva, emanam da teoria dos atos próprios, com origem no direito europeu continental, senão vejamos:

> "Na tradição da Europa continental, o princípio da boa-fé objetiva, no desempenho da função de impor restrições ao exercício de direitos subjetivos, resulta na teoria dos atos próprios. De uma forma geral, a teoria dos atos próprios importa reconhecer a existência de um dever por parte dos contratantes de adotar uma linha de conduta uniforme, proscrevendo a duplicidade de comportamento, seja na hipótese em que o comportamento posterior se mostra incompatível com

---

7 *In:* ***A proibição de comportamento contraditório – tutela da confiança e venire contra factum proprium.*** Pág. 77.

8 *Idem.* Pág. 77.

9 *Idem.* Pág. 77.

atitudes indevidamente tomadas anteriormente (tu quoque), seja na hipótese em que, embora ambos os comportamentos considerados isoladamente não apresentem qualquer irregularidade, consubstanciam quebra de confiança se tomados em conjunto (venire contra factum proprio)". [10]

Com fundamento nas lições de *Teresa Negreiros*, neste singelo livro conclui-se pela caracterização das duas figuras lesivas à tutela da confiança no *"Caso Embraer"*, pois, praticou um comportamento contraditório a empresa ao demitir um número expressivo de trabalhadores sem que em qualquer momento tivesse informado aos representantes da categoria profissional a possibilidade de tal fato, sendo que, a página da Embraer na internet sempre apresentou aos interessados a existência de uma empresa sólida, apesar de tal entendimento não encontrar respaldo na decisão final proferida pelo TST que entendeu inexistir abusividade na dispensa, em que pese haver reconhecido o dever de negociar antes das dispensas coletivas.

Ainda, o fato apresenta a hipótese de caracterização do *"tuo quoque"*, pois, a empresa demitiu os trabalhadores de maneira repentina, sem qualquer tentativa prévia de negociação das demissões e sem informar a medida em prazo prévio razoável aos representantes sindicais, havendo nítida traição por parte da Embraer aos trabalhadores, com a adoção de *"dois pesos e duas medidas"*.

Logo, são duas as teses opostas apresentadas ao debate no *"Caso Embraer"*, já havendo entendimento definitivo por parte do TST.

Senão, vejamos.

Em julgamento do dia 10 de agosto de 2009, com acórdão relatado pelo *Ministro Mauricio Godinho Delgado*, a Seção Especializada em Dissídios Coletivos do Tribunal Superior do Trabalho, acordou por maioria de votos, com relação ao Recurso Ordinário da Embraer, por negar provimento às questões preliminares suscitadas, dar provimento ao recurso no mérito para afastar a alegação de abusividade por parte da empresa, dar provimento ao recurso para afastar a prorrogação dos contratos de trabalho até o dia 13/03/2009, negar provimento ao recurso quanto às demais matérias, fixando a negociação coletiva de trabalho como premissa para qualquer dispensa coletiva de trabalhadores; com relação ao Recurso Ordinário interposto pelo Sindicato dos Metalúrgicos dos Trabalhadores, foi negado provimento ao recurso mantendo-se as compensações financeiras individuais aos empregados dispensados.

Enfim, para os propósitos do presente livro, o *"Caso Embraer"* serve com maestria para a elucidação de toda a teoria desenvolvida, sendo que, o acórdão do Tribunal Superior do Trabalho, apesar de afastar a alegação de abusividade nas dispensas, firmou posição pelo dever de negociar.

---

[10] *In:* ***Teoria do Contrato: novos paradigmas.*** Pág. 142.

6.2 "CASO USIMINAS" (PROCESSO TRT 2ª REGIÃO/SP SDC 20057.2009.000.02.00.0)

Ainda que não tenha causado para a comunidade jurídica o mesmo impacto emanado do *"Caso Embraer"*, ainda assim, o *"Caso Usiminas"* acrescenta ao conteúdo do presente livro jurídico na medida em que permite o conhecimento na prática de toda a teoria neste ensaio desenvolvida, ou seja, mostra o entendimento de um dos mais importantes tribunais brasileiros sobre a despedida coletiva de trabalhadores e o dever e direito fundamental de negociação coletiva.

Em julgamento datado de 26 de agosto de 2009, com relatoria da Desembargadora *Ivani Contini Bramante*, a Seção Especializada em Dissídios Coletivos do Tribunal Regional do Trabalho da 2ª Região/SP, firmou entendimento no sentido de que existe o dever de negociar coletivamente antes de que sejam efetuadas despedidas coletivas de trabalhadores (em massa).

Na mesma ação, apesar do reconhecimento do dever de negociar coletivamente, o julgamento da nulidade das dispensas em massa efetuadas pela Usiminas restou prejudicado diante das negociações coletivas que foram celebradas entre a Usiminas e o Sindicato dos Trabalhadores nas Indústrias Siderúrgicas, Metalúrgicas, Mecânicas de Material Elétrico e Eletrônico, Indústria Naval de Cubatão, Santos, São Vicente e outras (STISMMMEC), durante o trâmite da demanda, o que resultou na redução do objeto da ação trabalhista, senão vejamos:

> "DESPEDIDA EM MASSA. NULIDADE. NECESSIDADE DE NEGOCIAÇÃO COLETIVA PRÉVIA. NEGOCIAÇÃO COLETIVA AMPLA REALIZADA NO CURSO DA AÇÃO, RESULTANDO EM SUSPENSÃO DAS DESPEDIDAS ANUNCIADAS E ACORDOS PARCIAIS ACERCA DAS DESPEDIDAS EFETIVADAS E REDUÇÃO DO ÂMBITO DO CONFLITO COLETIVO. EXIGÊNCIA SUPRIDA PELAS NEGOCIAÇÕES AMPLAS LEVADAS A CABO NO CURSO DA AÇÃO DE DISSIDIO COLETIVO. PEDIDO DE NULIDADE DA DESPEDIDA EM MASSA PREJUDICADO."[11]

Pela simples transcrição da ementa pode-se afirmar, seguramente, que as razões sustentadas pelos(as) julgadores(as) da Secção de Dissídios Coletivos do Tribunal Regional do Trabalho da 2º Região, no dissídio coletivo ora analisado, coaduna-se com maestria a toda teoria desenvolvida no presente livro; em síntese, há o dever de negociar previamente outras medidas menos drásticas antes da dispensa coletiva de trabalhadores (*"ultima ratio"*), a negociação coletiva de trabalho tem natureza jurídica de direito fundamental, a violação ao dever de negociar previamente poderá ensejar a nulidade das dispensas já efetuadas.

Além do mais, a análise do julgado permite que sejam extraídas outras conclusões a respeito do tema ora em debate[12], vejamos:

---

[11] Processo nº. TRT/SP – SDC 20057.2009.000.02.00-0 (dissídio coletivo suscitado pelo Sindicato dos Trabalhadores nas Indústrias Siderúrgicas, Metalúrgicas, Mecânicas de Material Elétrico e Eletrônico, Indústria Naval de Cubatão, Santos e outras contra a COSIPA e a USIMINAS).

[12] *Idem.*

- a despedida coletiva não é proibida, mas, está sujeita ao procedimento de negociação coletiva;
- a despedida coletiva deve ser justificada, apoiada em motivos técnicos e econômicos e ainda, deve ser bilateral, precedida de negociação coletiva com o sindicato dos trabalhadores, mediante a adoção de critérios objetivos;
- observância da dignidade da pessoa humana, do valor social do trabalho e da função social da empresa;
- democratização da relação capital e trabalho por meio da proeminência da negociação coletiva na solução dos conflitos;
- respeito ao direito à informação;
- obediência ao princípio da boa-fé objetiva nas negociações coletivas de trabalho.
- é possível que seja suprida a negociação coletiva prévia por negociações efetivadas no curso do dissídio coletivo de trabalho.

Ora, o *"Caso Usiminas"*, julgado pelo Tribunal Regional do Trabalho da 2ª Região/SP, encontrou solução distinta do resultado obtido no *"Caso Embraer"*, este último julgado pelo Tribunal Regional do Trabalho da 15ª Região/Campinas e em grau recursal pelo Tribunal Superior do Trabalho, pois, enquanto no primeiro apesar de prejudicado o julgamento acerca da questão envolvendo a nulidade das dispensas em massa efetivadas sem prévia negociação coletiva, diante da realização de negociações coletivas no curso da ação, o acórdão apontou entendimento no sentido do dever de negociar, em respeito à boa-fé objetiva e aos deveres contratuais anexos (por exemplo, o direito à informação), à dignidade da pessoa humana, ao valor social do trabalho e à função social da empresa, sob pena de nulidade das demissões, no *"Caso Embraer"* o desfecho foi pela inexistência de nulidade das demissões, em que pese existir o dever de negociar, resolvendo-se a questão pelo pagamento de indenização financeira compensatória, como havia julgado originariamente o Tribunal Regional do Trabalho da 15ª Região.

Ambos os julgados, ora analisados, servem aos propósitos do presente livro, na medida em que permitem crer no dever de negociar coletivamente como obrigação contratual, como dever contratual anexo à boa-fé objetiva, em vista da possibilidade de que sejam encontrados caminhos menos prejudiciais aos trabalhadores do que a demissão coletiva de trabalhadores (a demissão em massa como *"ultima ratio"*).

A Desembargadora Relatora no *"Caso Usiminas" Ivani Contini Bramante*, fez menção expressa no voto às Convenções da Organização Internacional do Trabalho (OIT) que prestigiam a negociação coletiva de trabalho: 98, 135 e 154.

Certamente, os dois casos práticos apresentados (*"Caso Embraer"* e *"Caso Usiminas"*) somados a toda teoria desenvolvida neste humilde ensaio permitem que sejam afirmados como sólidos os propósitos trazidos a este trabalho acadêmico, na medida em que todo o conteúdo possibilita a convicção de que a flexibilização "flexibilização circunstancial de direitos trabalhistas" por meio de negociação coletiva prévia à demissão em massa de trabalhadores é benéfica aos trabalhadores por permitir a manutenção de postos de trabalho e atende ao princípio da preservação da empresa, nos momentos de crises empresariais.

Portanto, os fundamentos do voto da *Des. Ivani Contini Bramante* no *"Caso Usiminas"* corroboram as razões do presente livro.

6.3 "CASO AMSTED MAXION" (PROCESSO TRT 02ª REGIÃO/SP SDC 20281.2008.000.02.00-1)

Antes mesmo que chegasse ao auge a crise econômica, narrada e analisada por meio dos julgados comentados nos tópicos anteriores, *"Caso Embraer"* e *"Caso Usiminas"*, no ano de 2008 o Tribunal Regional do Trabalho da 2ª Região/SP já havia exercido a sua competência jurisdicional em outro dissídio coletivo envolvendo o *"Caso Amsted Maxion"*.

Conforme acórdão publicado em 19 de março de 2009, a Seção de Dissídios Coletivos do Tribunal Regional do Trabalho da 2ª Região/SP pôs fim ao litígio homologando o acordo celebrado entre as partes, o que não desfaz a importância do conflito coletivo trabalhista levado à juízo.

Eis que a *Desembargadora Relatora Ivani Contini Bramante*, no referido dissídio coletivo de greve, já havia firmado entendimento posicionando-se em vários aspectos pela necessidade de negociação coletiva de trabalho antes da despedida coletiva de trabalhadores (despedida em massa).

O dissídio coletivo de greve foi suscitado pela *Amsted Maxion Fundição e Equipamentos Ferroviários S/A* pleiteando a declaração da ilegalidade e da abusividade da greve comandada pelo *Sindicato dos Trabalhadores nas Indústrias Metalúrgicas, Mecânicas e de Material Elétrico*, que buscava a revisão da dispensa de parte dos trabalhadores da categoria (dispensa em massa).

O Tribunal Regional do Trabalho da 2ª Região/SP firmou entendimento pela legalidade da greve, entendendo que *"a greve é maneira legítima de resistência às dispensas unilaterais em massa"* [13], reafirmando o direito à informação a respeito dos motivos da demissão coletiva e do direito à negociação coletiva prévia.

Além disso, o Tribunal Regional do Trabalho da 2ª Região/SP firmou entendimento no sentido de que a dispensa coletiva de trabalhadores apesar de não encontrar regulamentação específica em nosso ordenamento jurídico não está isenta de procedimento a ser seguido pela empresa.

---

[13] Processo nº. TRT/SP – SDC nº. 20281.2008.000.02.00-1 (dissídio coletivo de greve suscitado pela Amsted Maxion Fundição e Equipamentos Ferroviários S/A contra o Sindicato dos Trabalhadores nas Indústrias Metalúrgicas, Mecânicas e de Material Elétrico de Osasco, Carapicuíba, Cotia, Barueri, Jandira, Itapevi, Pirapora da Serra, Taboão da Serra e Vargem Grande Paulista e de Terceiros Não Identificados).

Tal procedimento, segundo o Tribunal, abrange a necessidade de negociação coletiva prévia com o intuito de que sejam buscadas soluções conjuntas e eficazes entre empregador e sindicato dos trabalhadores, devendo ser adotados critérios objetivos caso conclua-se por eventuais demissões.

Ressaltou o Tribunal que somente se justifica a despedida coletiva de trabalhadores apoiada em motivos comprovados, de natureza técnica e econômica, devendo ser bilateral.

Outras razões foram levantadas pelo Tribunal Regional do Trabalho da 2ª Região/SP, no *"Caso Amsted Maxion"*, vejamos:

- o Tribunal determinou a reintegração imediata dos trabalhadores, declarando a nulidade da despedida coletiva sem prévia negociação.
- determinou a instauração de um plano de demissão voluntária mediante negociação coletiva com os trabalhadores.
- o Tribunal proibiu novas despedidas coletivas de trabalhadores.
- determinou o pagamento dos dias parados.
- não houve prova das dificuldades financeiras da empresa.
- a despedida coletiva foi realizada de maneira arbitrária, sem a utilização de critérios objetivos.
- houve ofensa ao dever de negociar.
- a despedida coletiva é a última medida a ser adotada pela empresa.
- a livre iniciativa e a liberdade contratual devem ser exercidas de acordo com a dignidade humana e o valor social do livro.

Enfim, as razões trazidas pelo acórdão de julgamento do *"Caso Amsted Maxion"* reforçam com proeminência todo o teor do presente trabalho.

6.4 O "ATIVISMO JUDICIAL" NA JUSTIÇA DO TRABALHO

Carlos Henrique Bezerra Leite [14] leciona que o reconhecimento do *"ativismo judicial"* é *"um dos instrumentos de realização"* do Estado Democrático.

O mesmo estudioso define o *"ativismo judicial"*, vejamos:

> "O princípio do ativismo, inspirador da conduta habitual do magistrado, auxilia na formação de material jurídico positivo, na medida em que se reconhece que a aplicação do direito é produção de direito como norma agendi".[15]

---

[14] *In:* ***Curso de Direito Processual do Trabalho.*** Pág. 63.

[15] *Idem.* Pág. 64.

Ou seja, na falta de norma jurídica positivada caberá ao magistrado auxiliar na formação do direito positivo.

Ora, os casos concretos analisados no presente trabalho acadêmico (*"Caso Embraer"*, *"Caso Usiminas"* e *"Caso Amsted Maxion"*) revelam nítida prática de ativismo judicial por parte da Justiça do Trabalho.

O Tribunal Superior do Trabalho e o Tribunal Regional do Trabalho da 15ª Região/Campinas, no *"Caso Embraer"*, reconheceram o dever de negociação coletiva prévia, diante da lacuna em nosso ordenamento jurídico a respeito dos critérios para dispensa coletiva de trabalhadores, antes do processamento de eventual dispensa coletiva de trabalhadores (em massa).

O TRT da 2ª Região/SP, no *"Caso Amsted Maxion"*, foi mais a fundo, reconhecendo a necessidade de realização de um procedimento prévio à eventual dispensa coletiva, diante da lacuna existente em nosso ordenamento jurídico, sendo que, inserem-se no referido procedimento o dever de informar a respeito das condições financeiras da empresa, o dever de negociar, a boa-fé objetiva, a busca de soluções menos gravosas e a utilização de critérios objetivos.

Assim, pode-se afirmar que as decisões dos tribunais trabalhistas nos casos concretos analisados se coadunam com os princípios do Estado Democrático de Direito, sendo salutar a prática do ativismo judicial.

Não podemos nos esquecer que, com respaldo nos ensinamentos de *Luiz Carlos Michele Fabre*, a função jurisdicional típica para a teoria da separação de poderes é julgar as lides levadas ao Poder Judiciário.[16]

Dessa maneira, ao proferir pronunciamentos jurisdicionais o Judiciário julga, aplicando o direito ao caso concreto, sendo que, a sentença e o acórdão são instrumentos de introdução de normas concretas e individuais no ordenamento jurídico, logo, ainda que se tenha em vista a teoria da separação de poderes pode-se afirmar que o Judiciário cria direito positivo, mas, não é criando normas gerais e abstratas e sim normas jurídicas individuais e concretas.[17]

Por isso, ainda que sob a perspectiva do *"princípio clássico da tripartição de poderes"*, conforme os ensinamentos doutrinários, o ativismo judicial é plenamente válido, inexistindo qualquer fundamento teórico consistente para a sustentação de arguições por parte daqueles que o combatem.

Na sistemática *"justrabalhista"* maior razão assiste aos que defendem a normatividade emanada das sentenças e acórdãos proferidos pelo Poder Judiciário, no exercício de sua função típica, pois, encontramos no Direito Processual do Trabalho o instituto das sentenças normativas, que tem em sua essência a característica da normatividade.

---

16 *In: **Fontes do Direito do Trabalho.*** Pág. 107.

17 *Idem.* Pág. 107.

A sentença normativa trabalhista encontra fundamento de validade no art. 114, §2º, da Constituição Federal de 1988.

O mesmo autor acima mencionado leciona que as sentenças normativas são validamente prescritas pela Constituição Federal de 1988 com a finalidade de elaborarem *"leis em sentido material, isto é, de normas abstratas e gerais ditadas por juízo de equidade e, aprioristicamente, desvinculadas de normas legais preexistentes ou a elas vinculadas de forma apenas remota ..."*; ora, indiscutivelmente, trata-se de legitimação do *"ativismo judicial"* no direito pátrio.[18]

Sob tais razões, certamente, as decisões proferidas pelos Tribunais Trabalhistas (*"Caso Embraer"*, *"Caso Usiminas"* e *"Caso Amsted Maxion"*), objeto de comentários no presente tópico, são nitidamente hipóteses de *"ativismo judicial"*, este legitimamente válido em nossa sistemática jurídica trabalhista.

Ilustrativamente, a fim de melhor esclarecer sobre o tema *"ativismo judicial"* na Justiça do Trabalho, com pertinência, pode-se apontar para as lições de *Amauri Mascaro Nascimento*, na medida em que o mesmo prestigia o princípio da ultrapetição como basilar ao processo do trabalho; ora, o referido doutrinador, seguindo as lições do jurista uruguaio *Nelson Nicoliello*, leciona que o princípio da ultrapetição *"significa maior liberdade do juiz diante da matéria em debate"*.[19]

Ainda, prossegue o mesmo doutrinador, ensinando que o processo trabalhista, na medida em que adota o principio da ultrapetição, admite ao magistrado que julgue por equidade, afastando-se da processualística tradicional que acolhe a *"litiscontestatio"*, por meio da qual o juiz não pode afastar-se do *"contrato processual"* firmado pelas partes quando da propositura da demanda.[20]

Ou seja, o direito processual tradicional acolhe a doutrina da *"litiscontestatio"*, segundo a qual o juiz deve julgar nos limites da propositura da ação, nos termos da petição inicial, sob pena de nulidade absoluta, não se admitindo o julgamento por equidade, mas, o processo trabalhista acolhe a ultrapetição, permitindo ao juiz inovar no julgamento da demanda.

Então, o *"ativismo judicial"* tão debatido na atualidade sempre encontrou um caminho livre no sistema trabalhista, desde os primórdios da Justiça do Trabalho como órgão jurisdicional, tendo-se em vista o princípio da ultrapetição.

Um dos mais importantes estudiosos do tema *"ativismo judicial"* no Brasil é *Luis Roberto Barroso*, segundo o qual a expressão "ativismo judicial" foi criada nos Estados Unidos, no período entre 1954 e 1969, quando a Suprema Corte construiu *"uma jurisprudência progressista em matéria de direitos fundamentais"*.[21]

---

18 *Idem.* Pág. 121 e 122.

19 *In:* ***Curso de Direito Processual do Trabalho.*** Págs. 113 e 114.

20 *Idem.* Pág. 113 e 114.

21 *In:* ***No mundo ideal, Direito é imune a política; no real não.*** Artigo publicado no sítio do Consultor Jurídico (www.conjur.com.br) terça-feira, dia 16 de fevereiro de 2010.

Prossegue o referido constitucionalista ensinando que *"a ideia de ativismo judicial está associada a uma participação mais ampla e intensa do Judiciário na concretização dos valores e fins constitucionais, com maior interferência no espaço de atuação dos outros dois Poderes"*, em síntese, não há confronto entre os poderes e sim *"ocupação de espaços vazios"*.[22]

Portanto, por tais razões, nos julgados analisados há certamente prática de *"ativismo judicial"* pelos tribunais trabalhistas pátrios.

CONCLUSÕES

O presente livro jurídico foi inspirado nas lições aprendidas nas aulas ministradas pelos Professores *Carla Romar*, *Pedro Paulo Teixeira Manus* e *Renato Rua de Almeida* no curso de Mestrado em Direito da Pontifícia Universidade Católica de São Paulo (PUC/SP); tudo isto aliado a uma séria e intensa pesquisa nas principais obras jurídicas brasileiras e estrangeiras.

É provável que exista alguma divergência teórica entre os docentes acima referidos, mas, por certo, concordam com a razão de que a plena liberdade sindical é o principal pilar das relações coletivas de trabalho neste século XXI.

Assim, nestas palavras finais deve-se salientar a importância do tema liberdade sindical não apenas para o estudo do objeto central do presente livro, mas, para a democratização das relações de trabalho.

Nessa toada, vale ressaltar que o presente livro jurídico iniciou-se pelo estudo da história do sindicalismo e das relações de trabalho, no Brasil e no mundo ocidental, pois, a negociação coletiva de trabalho somente alcança seus reais propósitos, somente tem a esperada efetividade, em um sistema pautado pela plena liberdade sindical (conforme o modelo da Convenção nº. 87 da OIT).

Então, eis uma primeira conclusão a ser extraída do que foi escrito nas centenas de páginas anteriores, qual seja, a negociação coletiva de trabalho como mecanismo de solução de problemas trabalhistas nas crises empresariais pode propiciar melhores resultados em um sistema jurídico-trabalhista pautado na plena liberdade sindical, sendo maiores os obstáculos para a realização dos propósitos deste trabalho acadêmico em um sistema de liberdade sindical com o controle do Estado, como o que existe no Brasil.

Uma segunda conclusão é de que em um sistema que preza pela democracia das relações laborais a negociação coletiva tem lugar de proeminência.

Além disso, um terceiro tema importante no presente livro jurídico são as fontes do Direito do Trabalho, concluindo-se que se revelam as normas negociadas coletivamente como uma das principais fontes neste século XXI.

---

[22] *Idem.*

No mais, o trabalho foi todo elaborado tendo-se em mente os direitos de cidadania do trabalhador dentro da empresa, sob a perspectiva da eficácia horizontal dos direitos fundamentais nas relações de trabalho.

Ora, o direito de negociar coletivamente caminhos menos drásticos do que a dispensa coletiva de trabalhadores insere-se dentro da esfera de cidadania dos trabalhadores partes em uma relação laboral, sujeitos ao poder de direção empregatício e que devem ter garantido o direito de participação na gestão da empresa, sob a perspectiva da eficácia horizontal dos direitos fundamentais.

Nas lições de *Andréa Presas Rocha*: *"Há uma preocupação crescente com os direitos de cidadania do trabalhador, dos quais ele não se despe ao adentrar a empresa"*.[23]

O jurista português *José João Abrantes* corrobora com as palavras acima, ao falar que a constitucionalização do Direito do Trabalho deixa como rastro *"a teoria moderna dos direitos fundamentais, que se refere ao trabalhador como cidadão, aos direitos de cidadania no âmbito do contrato de trabalho"*.[24]

Dessa maneira, uma quarta conclusão a ser exposta: fere a dignidade humana a dispensa coletiva de trabalhadores sem a prévia busca de outros caminhos de maneira negociada, tendo-se em vista que o direito de negociar insere-se na perspectiva da eficácia horizontal dos direitos fundamentais e dos direitos de cidadania do trabalhador.

O presente livro jurídico trouxe como cerne da proposta a "flexibilização circunstancial de direitos trabalhistas", nos moldes do que está positivado na Constituição Federal de 1988 que permite a redução de salários e a redução de jornada, bem como a compensação de horário de trabalho e o banco de horas, como medidas aptas ao combate de crises empresariais, considerando-se a drástica despedida coletiva de trabalhadores como *"ultima ratio"*.

Então, uma quinta conclusão a ser extraída do presente livro é no sentido de que existem várias formas de flexibilização dos direitos trabalhistas, talvez algumas sejam prejudiciais aos trabalhadores, mas, certamente, a "flexibilização circunstancial de direitos trabalhistas" não é uma forma de precarização das relações de trabalho, pelo contrário, tal mecanismo jurídico poderá salvar os empregos de milhares de pessoas.

Eis as razões finais do presente livro jurídico.

---

[23] *In:* ALMEIDA, Renato Rua de. (coordenador). Adriana Calvo e Andréa Presas Rocha (organizadoras). ***Direitos fundamentais aplicados ao direito do trabalho.*** Vários autores. Pág. 44.

[24] *In:* ***Contrato de Trabalho e Direitos Fundamentais.*** Pág. 14.

LIVROS CONSULTADOS

ABRANTES, José João. ***Contrato de Trabalho e Direitos Fundamentais.*** Coimbra: Coimbra Editora, 2005.

AMARAL, Júlio Ricardo de Paula. ***Eficácia dos direitos fundamentais nas relações trabalhistas.*** São Paulo: LTr, 2007.

ARENDT, Hannah. ***A condição humana.*** 10ª edição, Rio de Janeiro: Forense Universitária, 2008.

AROUCA, José Carlos. ***O sindicato em um mundo globalizado.*** São Paulo: LTr, 2003.

BANDEIRA DE MELLO, Celso Antônio. ***Conteúdo jurídico do princípio da igualdade.*** 3ª edição, 16ª. tiragem, São Paulo: Malheiros, 2008.

BARACAT, Eduardo Milléo. ***A Boa-Fé no Direito Individual do Trabalho.*** São Paulo: LTr, 2003.

BARROS, Alice Monteiro de. ***Curso de Direito do Trabalho.*** 5ª. edição, São Paulo: LTr, 2009.

BATALHA, Wilson de Souza Campos & LABATE BATALHA, Sílvia Marina. ***Sindicatos, sindicalismo.*** 2ª. edição, São Paulo: LTr, 1994.

BRAMANTE, Ivani Contini & CALVO, Adriana. ***Aspectos Polêmicos e Atuais do Direito do Trabalho – Homenagem ao Professor Renato Rua de Almeida.*** São Paulo: LTr, 2007.

BRITO FILHO, José Claudio Monteiro de. ***Direito Sindical.*** 3ª. edição, São Paulo: LTr, 2009.

COELHO, Fábio Ulhoa. ***Para Entender Kelsen.*** 5ª. edição, São Paulo: Saraiva, 2009.

COSTA, Orlando Teixeira da. ***Direito Coletivo do Trabalho e Crise Econômica.*** São Paulo: LTr. 1991.

DELGADO, Mauricio Godinho. ***Curso de Direito do Trabalho.*** 7ª edição, São Paulo: LTr, 2008.

_______. ***Capitalismo, trabalho e emprego – entre o paradigma da destruição e os caminhos de reconstrução.*** 1ª. edição, 2ª. tiragem, São Paulo: LTr, 2007.

_______. ***Direito Coletivo do Trabalho.*** São Paulo: LTr, 2001.

FABRE, Luiz Carlos Michele. ***Fontes do Direito do Trabalho.*** São Paulo: LTr, 2009.

FERRARI, Irany; NASCIMENTO, Amauri Mascaro Nascimento & MARTINS FILHO, Ives Gandra da Silva. ***História do Trabalho, do Direito do Trabalho e da Justiça do Trabalho.*** São Paulo: LTr, 2002.

FERRAZ JUNIOR, Tercio Sampaio. ***Introdução ao Estudo do Direito.*** 6ª. edição, São Paulo: Atlas, 2009.

_______. ***Estudos de Filosofia do Direito.*** São Paulo: Atlas, 2002.

FURTADO, Peter. ***1001 dias que abalaram o mundo.*** Rio de Janeiro: Sextante, 2009.

GOMES, Orlando. ***A convenção coletiva do trabalho.*** São Paulo: LTr, 1995.

GONÇALVES, Camila de Jesus Mello. ***Princípio da boa fé: perspectivas e aplicações.*** Rio de Janeiro: Elsevier, 2008.

HINZ, Henrique Macedo. ***Cláusulas Normativas de Adaptação.*** São Paulo: Saraiva, 2007.

KELSEN, Hans. ***Teoria Pura do Direito.*** 7ª. edição, São Paulo: Martins Fontes, 2006.

_______. ***Normas Jurídicas e Análise Lógica (correspondência trocada entre os Srs. Hans Kelsen e Ulrich Klug; traduzida por Paulo Bonavides).*** 1ª. edição, São Paulo: Forense, 1984.

_______. ***Teoria Geral do Direito e do Estado***. São Paulo: Martins Fontes, 2000.

KILIAN, Dóris Krause. ***Negociação coletiva de trabalho.*** Porto Alegre: EDIPUCRS, 2003.

LEITE, Carlos Henrique Bezerra. ***Ministério Público do Trabalho.*** São Paulo: LTr, 2006.

________. ***Curso de Direito Processual do Trabalho.*** 7ª. edição, São Paulo: LTr, 2009.

LEITE, Eduardo de Oliveira. ***Monografia Jurídica***. 7ª edição, São Paulo: Editora Revista dos Tribunais, 2006.

MANUS, Pedro Paulo Teixeira. ***Negociação coletiva e contrato individual de trabalho***. São Paulo: Atlas, 2001.

_______. ***Direito do Trabalho.*** 10ª. edição, São Paulo: Atlas, 2006.

MARITAIN, Jacques. ***O homem e o Estado.*** 2ª. edição, Rio de Janeiro: Editora Agir, 1956.

MARTINS, Fran. ***Curso de Direito Comercial.*** 31ª. edição, São Paulo: Forense, 2008.

MEDEIROS, Cristiano Carrilho Silveira de. ***Manual de história dos sistemas jurídicos.*** Rio de Janeiro: Elsevier, 2009.

MORAES FILHO, Evaristo de. ***Do contrato de trabalho como elemento da empresa***. São Paulo: LTr, 1993.

NASCIMENTO, Amauri Mascaro. ***Curso de Direito do Trabalho.*** 23ª edição, São Paulo: Saraiva, 2008.

_______. ***Compêndio de Direito Sindical***. 5ª. edição, São Paulo: LTr, 2008.

_______. ***Curso de Direito Processual do Trabalho.*** 24ª. edição, São Paulo: LTr, 2009,

NASCIMENTO, Nilson de Oliveira. ***Manual do trabalho do menor.*** São Paulo: LTr, 2003.

NEGREIROS, Teresa. ***Teoria do Contrato: Novos Paradigmas***. 2ª edição, Rio de Janeiro: Renovar, 2006.

OLIVEIRA, Paulo Eduardo Vieira de. ***Convenção coletiva de trabalho no direito brasileiro.*** São Paulo: LTr, 1996.

PINTO, José Augusto Rodrigues. ***Direito Sindical e Coletivo do Trabalho.*** 2ª. edição, São Paulo: LTr, 2002.

PLÁ RODRIGUES, Américo. ***Princípios de direito do trabalho.*** Tradução de Wagner D. Giglio. 3ª. edição, São Paulo: LTr, 2002.

PROSCURCIN, Pedro. ***O trabalho na reestruturação produtiva: análise jurídica dos impactos no posto de trabalho.*** São Paulo: LTr, 2001.

ROBORTELLA, Luiz Carlos Amorim. ***O moderno direito do trabalho: flexibilização, terceirização, novas tecnologias, contratos atípicos, participação na empresa.*** São Paulo: LTr, 1994.

ROMAR, Carla Teresa Martins & MANUS, Pedro Paulo Teixeira. ***CLT e Legislação Complementar em Vigor.*** 7ª. edição, São Paulo: Atlas, 2009.

ROMAR, Carla Teresa Martins. ***Concertação Social***. Tese de Doutorado em Direito. PUC-SP. Sob orientação do Professor Pedro Paulo Teixeira Manus. 2003.

_______. ***Alterações do Contrato de Trabalho.*** São Paulo: LTr, 2001.

ROMITA, Arion Sayão. ***Direitos fundamentais nas relações de trabalho***. São Paulo: LTr, 2005.

ROTHENBURG, Walter Claudius. ***Princípios Constitucionais.*** Sergio Antonio Fabris Editor, 2003.

RUPRECHT, Alfredo J. ***Relações Coletivas de Trabalho***. São Paulo: LTr, 1995.

RUSSOMANO, Mozart Victor. ***Princípios Gerais do Direito Sindical.*** 2ª. edição, Rio de Janeiro: Forense, 1998.

SANTOS, Ronaldo Lima dos. ***Teoria das Normas Coletivas***. São Paulo: LTr. 2007.

_______. ***Sindicatos e Ações Coletivas: acesso à justiça, jurisdição coletiva e tutela dos interesses difusos, coletivos e individuais homogêneos.*** São Paulo: LTr, 2003.

SANTOS, Enoque Ribeiro dos. ***Direitos Humanos na Negociação Coletiva.*** São Paulo: LTr, 2004.

_______. ***Direito Coletivo Moderno.*** São Paulo: LTr, 2006.

SCHREIBER, Anderson. ***A proibição do comportamento contraditório: tutela da confiança e venire contra factum proprium.*** 2ª. edição, Rio de Janeiro: Renovar, 2007.

SCUDELER NETO, Julio Maximiano. ***Negociação Coletiva e Representatividade Sindical***. São Paulo: LTr, 2007.

SEVERINO, Antônio Joaquim. ***Metodologia do Trabalho Científico.*** 23ª. Edição , São Paulo: Cortez Editora, 2008.

SILVA, Sayonara Grillo Coutinho Leonardo da. ***Relações Coletivas de Trabalho – Configurações Institucionais no Brasil Contemporâneo.*** São Paulo: LTr, 2008.

SILVA, Homero Batista Mateus da. ***Curso de direito do trabalho aplicado, vol. 7: direito coletivo do trabalho.*** Rio de Janeiro: Elsevier, 2010.

_______. ***Curso de direito do trabalho aplicado, vol. 3: segurança e medicina do trabalho, trabalho da mulher e do menor.*** Rio de Janeiro: Elsevier, 2010.

SILVA, Walküre Lopes Ribeiro da. ***Representação e participação dos trabalhadores na gestão da empresa.*** São Paulo: LTr, 1998.

SILVESTRE, Rita & NASCIMENTO, Amauri Mascaro. ***Os novos paradigmas do Direito do Trabalho – Homenagem a Valentin Carrion.*** São Paulo: Saraiva, 2001.

SOUZA, Ronald Amorim e. ***Greve & Locaute.*** São Paulo: LTr, 2007.

SÜSSEKIND, Arnaldo; MARANHÃO, Délio; VIANNA, Segadas & TEIXEIRA, Lima. ***Instituições de direito do trabalho.*** São Paulo: LTr, 2005.

TEODORO, Maria Cecília Máximo. ***O princípio da adequação setorial negociada no direito do trabalho.*** São Paulo: LTr, 2007.

TEPEDINO, Gustavo. ***Temas de Direito Civil.*** 3ª. edição, Rio de Janeiro: Renovar, 2004.

ARTIGOS JURÍDICOS

ALMEIDA, Renato Rua de. ***O regime geral do Direito do Trabalho contemporâneo sobre a proteção da relação de emprego contra a despedida individual sem justa causa – estudo comparado entre a legislação brasileira e as legislações portuguesa, espanhola e francesa.*** Revista da Ltr. Legislação do Trabalho, v. 3/2007, p. 336-345, 2007.

_______. ***As novas tendências do Direito do Trabalho e a convenção coletiva de trabalho celebrada entre sindicatos da Força Sindical e sindicatos do setor de autopeças.*** São Paulo – 1998 – ano 34 – Ltr. Sup. Trab. 012/98 – p. 051 a 052.

_______. ***O moderno Direito do Trabalho e a empresa: negociação coletiva, representação dos empregados, direito à informação, participação nos lucros e regulamento interno.*** Revista LTr. 62-01/37 a 41. Vol. 62, nº. 1. Janeiro de 2008.

_______. ***Das cláusulas normativas das convenções coletivas de trabalho: conceito, eficácia e incorporação nos contratos individuais de trabalho.*** Revista da LTr. São Paulo, vol. 60, nº. 12, 1602 a 1605, 1996.

_______. ***A teoria da empresa e a regulação da relação de emprego no contexto da empresa.*** Revista LTr. vol. 69, nº. 05, 573 a 580, 2005.

_______. ***Subsiste no Brasil o direito potestativo do empregador nas despedidas em massa.*** Revista LTr. São Paulo. Volume 73, nº. 04, abril de 2009, págs. 391 a 393.

_______. ***A estabilidade no emprego num sistema de economia de mercado.*** Revista LTr. 63-12/1600 a 1604. Vol. 63, nº. 12, dezembro de 1999.

_______. (coordenador). Adriana Calvo e Andréa Presas Rocha (organizadoras). ***Direitos fundamentais aplicados ao direito do trabalho.*** São Paulo: LTr. 2010. Vários autores.

ASQUINI, Alberto. ***Perfis da Empresa.*** Tradução de Fábio Konder Comparato. Revista de Direito Mercantil, Industrial, Econômico e Financeiro, São Paulo: RT, v. 35, n. 104, p.109-126, out./dez. 1996.

AZEVEDO, Gelson. ***Limites da vontade coletiva, diante da Constituição e da Lei.*** *In:* Direito e Processo do Trabalho em Transformação (coordenadores: Georgenor de Sousa Franco Filho, Ives Gandra da Silva Martins Filho, Maria Cristina Irigoyen Peduzzi, Ney Prado e Simone Lahorgue Nunes). Rio de Janeiro: Elsevier. 2007.

AZEVEDO, Antonio Junqueira. ***Princípios do Novo Direito Contratual e Desregulamentação do Mercado, Direito de Exclusividade nas Relações Contratuais de Fornecimento, Função Social do Contrato e Responsabilidade Aquiliana do Terceiro que Contribui para o Inadimplemento Contratual.*** *In:* Revista dos Tribunais, nº. 750. São Paulo: RT, abril 1998, pág. 113-120.

_______. ***Interpretação do contrato pelo exame da vontade contratual. O comportamento das partes posterior à celebração. Interpretação e efeitos do contrato conforme o princípio da boa-fé objetiva. Impossibilidade de venire contra factum proprium e de utilização de dois pesos e duas medidas (tuo quoque). Efeitos do contrato e sinalagma. A assunção pelos contratantes de riscos específicos e a impossibilidade de fugir do programa contratual estabelecido.*** *In:* Forense, jul. – set. 2000, pág. 275-283.

BARROSO, Luis Roberto. ***No mundo ideal, Direito é imune a política; no real não.*** Artigo publicado no sítio do Consultor Jurídico (www.conjur.com.br) terça-feira, dia 16 de fevereiro de 2010.

CORREIA, Marcus Orione Gonçalves. ***Crise e preservação de empregos.*** Tribuna do Direito, maio de 2009, pág. 26.

CRIVELLI, Ericson. ***A reforma sindical no Brasil e a jurisprudência da OIT em matéria de liberdade sindical.*** Revista LTr. 68-01/7 a 21. Vol. 68, nº 01, janeiro de 2004.

DALLEGRAVE NETO, José Affonso. ***O Direito do Trabalho em tempos de crise econômica.*** Texto publicado quarta-feira, dia 3 de junho de 2009, no sítio www.conjur.com.br

DELGADO, Mauricio Godinho. ***Direitos Fundamentais na Relação de Trabalho.*** Revista LTr. 70-06/657 a 667. Vol. 70, nº. 06, junho de 2006.

FRANCO, Vera Helena de Mello. ***A função social da empresa.*** Revista do Advogado. Ano XXVIII, nº. 96, março de 2008.

GIGLIO, Wagner D. ***A prevalência do ajustado sobre a legislação.*** Revista LTr. São Paulo: LTr, vol. 66, nº. 04, 402-405, 2002.

LOPES, Otávio Brito. ***Limites da Flexibilização das Normas Legais Trabalhistas.*** *In:* Direito e Processo do Trabalho em Transformação (coordenadores: Georgenor de Sousa Franco Filho, Ives Gandra da Silva Martins Filho, Maria Cristina Irigoyen Peduzzi, Ney Prado e Simone Lahorgue Nunes). Rio de Janeiro: Elsevier. 2007.

MAGANO, Octavio Bueno. ***Convenção 158 da OIT.*** Artigo publicado em 1996.

MAZURKEVIC, Arion. ***A boa-fé objetiva: uma proposta para reaproximação do Direito do Trabalho ao Direito Civil.*** *In:* O Impacto do Novo Código Civil no Direito do Trabalho (coordenadores: José Affonso Dallegrave Neto e Luiz Eduardo Gunther). São Paulo: LTr.

MATTOS NETO, Antonio José de. ***O empresário à luz do novo Código Civil.*** Revista do Advogado. Ano XXIII, nº. 71. Agosto de 2003.

NASCIMENTO, Amauri Mascaro. ***As centrais sindicais e as modificações de 2008.*** São Paulo – 2008 – ano 44 – LTr. Supl. Trab. 045/08 – p. 219 a 225.

__________. ***Crise econômica, despedimentos e alternativas para a manutenção dos empregos.*** Revista LTr, vol. 73, nº. 01, janeiro de 2009, págs. 07 a 16.

NASCIMENTO, Sônia Mascaro Aparecida Costa. ***A crise econômica e o Direito do Trabalho.*** RDT 15-05, 31 de maio de 2009.

NEVES, José Roberto de Castro. ***Boa-fé objetiva: posição atual no ordenamento jurídico e perspectivas de aplicação nas relações contratuais.*** Revista Forense vol. 351.

Notícia publicada no site www.conjur.com.br na quarta-feira, dia 4 de fevereiro de 2009: ***Para MPT, redução de salário deve durar três meses.***

PINTO, José Augusto Rodrigues. ***O Fator Tecnológico na Reforma Trabalhista Brasileira.*** Revista da LTr.

SILVA, Luis Renato Ferreira da. ***A função social do contrato no Novo Código Civil e sua conexão com a solidariedade social.*** *In:* O Novo Código Civil e a Constituição. Livraria do Advogado. Porto Alegre. 2003.

SILVA, Luiz de Pinho Pedreira da. ***A autonomia coletiva e os direitos individuais dos trabalhadores.*** Revista de direito do trabalho, São Paulo, Revista dos Tribunais, ano 26, n. 99, p. 74-75, jul. 2000.

SOUTO MAIOR, Jorge Luiz. ***Proteção contra a dispensa arbitrária e aplicação da Convenção nº. 158 da OIT.*** Revista LTr. 68-11/1323 a 1331. Vol. 68, nº. 11, novembro de 2004.

TARTUCE, Flávio. ***O princípio da boa-fé objetiva em matéria contratual.*** Texto publicado em 23 de agosto de 2004 no site www.flaviotartuce.adv.br

________. ***A Boa-Fé Objetiva e os Amendoins: um ensaio sobre a vedação do comportamento contraditório (venire contra factum proprium non potest).*** Texto publicado no site www.flaviotartuce.adv.br

_______. ***A boa-fé objetiva e a mitigação do prejuízo pelo credor. Esboço do tema e primeira abordagem.*** www.flaviotartuce.adv.br

VIANA, Márcio Túlio. ***O novo papel das convenções coletivas de trabalho: limites, riscos e desafios.*** *In:* Estudos de Direito Constitucional – Homenagem a Paulo Bonavides (coordenador: José Ronald Cavalcante Soares). SP: LTr. 2001.

JULGADOS ANALISADOS

Processo nº. TST-ES-207660/2009-000-00-00.7 (Embraer Empresa Brasileira de Aeronáutica S.A. e Outro *versus* Sindicato dos Trabalhadores nas Indústrias Metalúrgicas e de Material Elétrico de São José dos Campos e Outros).

Processo nº. TST-RODC-670.593/2000.5 (dissídio coletivo de natureza econômica suscitado pela Brascabos Componentes Elétricos e Eletrônicos Ltda. Contra o Sindicato dos Trabalhadores nas Indústrias Metalúrgicas, Mecânicas de Material Elétrico e Ourives de Limeira e Região).

Processo nº. TRT/SP – SDC nº. 20281.2008.000.02.00-1 (dissídio coletivo de greve suscitado pela Amsted Maxion Fundição e Equipamentos Ferroviários S/A contra o Sindicato dos Trabalhadores nas Indústrias Metalúrgicas, Mecânicas e de Material Elétrico de Osasco, Carapicuíba, Cotia, Barueri, Jandira, Itapevi, Pirapora da Serra, Taboão da Serra e Vargem Grande Paulista e de Terceiros Não Identificados).

Processo nº. TRT/SP – SDC 20057.2009.000.02.00-0 (dissídio coletivo suscitado pelo Sindicato dos Trabalhadores nas Indústrias Siderúrgicas, Metalúrgicas, Mecânicas de Material Elétrico e Eletrônico, Indústria Naval de Cubatão, Santos, São Vicente, Guarujá, Praia Grande, Bertioga, Mongaguá, Itanhaém, Peruíbe e São Sebastião – STISMMMEC – contra a Companhia Siderúrgica Paulista – COSIPA e Companhia Siderúrgica Paulista – USIMINAS/USINA II).

"SITES" PESQUISADOS

www.calvo.pro.br

www.conjur.com.br

www.embraer.com.br

www.flaviotartuce.adv.br

www.ig.com.br

www.trt2.gov.br

www.trt15.jus.br

www.tst.gov.br

Impresso em julho de 2016